Bochumer Juristische Studien zum Zivilrecht

herausgegeben von

Prof. Dr. iur. Markus Fehrenbach
Prof. Dr. iur. Matteo Fornasier
Prof. Dr. iur. Jacob Joussen
Prof. Dr. iur. Arndt Kiehnle
Prof. Dr. iur. Fabian Klinck
Prof. Dr. iur. Andrea Lohse
Prof. Dr. iur. Karl Riesenhuber
Jun.-Prof. Dr. iur. Frank Rosenkranz
Prof. Dr. iur. Renate Schaub
Prof. Dr. iur. Katharina Uffmann
Prof. Dr. iur. utr. Peter A. Windel
Prof. Dr. iur. Martin Zimmermann

Band 7

Arndt Kiehnle

# Das Öffentliche im Privaten

## Was war und ist am öffentlichen Glauben im Privatrecht öffentlich?

Nomos

Onlineversion
Nomos eLibrary

**Die Deutsche Nationalbibliothek** verzeichnet diese Publikation in der Deutschen Nationalbibliografie; detaillierte bibliografische Daten sind im Internet über http://dnb.d-nb.de abrufbar.

ISBN 978-3-8487-6570-6 (Print)

ISBN 978-3-7489-0687-2 (ePDF)

1. Auflage 2020

*Para el teólogo, como para el abogado, el dogma, la ley, es algo dado, un punto de partida que no se discute sino en cuanto a su aplicación y a su más recto sentido. Y de aquí que el espíritu teológico o abogadesco sea en su principio dogmático, mientras el espíritu estrictamente científico, puramente racional, es escéptico ... La verdadera ciencia enseña, ante todo, a dudar y a ignorar; la abogacía ni duda ni cree que ignora.*

Miguel de Unamuno, Del Sentimiento Trágico de la Vida,
V. La Disolución Racional

# Vorwort

Meine Überlegungen zum „Öffentlichen" des öffentlichen Glaubens sind nicht aus dem Nichts entstanden. Alle, denen ich dafür danke, dass sie mittelbar oder unmittelbar zur Entstehung der kleinen Monographie beigetragen haben, sind selbstverständlich frei von jeder Verantwortung für die großen und kleinen Mängel der Arbeit.

An erster Stelle danke ich meinem akademischen Lehrer Jan Schröder. Ohne sein unerreichbares Vorbild wäre ich ein noch viel schlechterer Rechtshistoriker.

Dank gilt den zivilrechtlichen Kollegen meiner Bochumer Fakultät, die alle gemeinsam Herausgeber der Schriftenreihe sind, in der diese Untersuchung erscheint, insbesondere dem geschäftsführenden Herausgeber Karl Riesenhuber.

Nicht nur für zahlreiche Gespräche über Register aller Art bedanke ich mich herzlich bei Renate Schaub, ohne die die Fakultät für mich nicht vorstellbar ist.

Mit Julian Krüper durfte ich oft über die Dichotomie von öffentlich und privat im Recht diskutieren. Zudem hat er unermüdlich nachgefragt, wie es denn nun um „den öffentlichen Glauben" stehe. Vielen Dank für diese Unterstützung über den tiefen (?) Graben zwischen öffentlichem Recht und Privatrecht hinweg!

Jacob Joussen begleitet mich in unverzichtbar menschlicher Weise, wofür ich ihm zu selten danke.

Fabian Klinck ist als Romanist solidarisch mit dem „germanistischen" Kollegen, nicht zuletzt in gemeinsamen Seminaren zur Rechtsgeschichte des Nationalsozialismus; mein Dank dafür!

Allen MitarbeiterInnen meines Lehrstuhls sei gedankt für ihre tatkräftige Hilfe, insbesondere bei Literaturbeschaffung und Korrekturlesen. Nils Althoff hat sich zudem lobenswert um Umsetzung einheitlicher Zitierweisen gekümmert.

Meine Frau schätze ich auch als Juristin sehr, vor allem aber danke ich ihr als Mensch für so vieles.

Und schließlich wäre dieses Vorwort ein trauriges Zeichen groben Undanks, wenn ich nicht von Herzen meinen Eltern danken würde, die mich seit jeher und bis heute mit ihrer ganzen Kraft unterstützen.

Dem essayistischen Charakter des Werks entsprechend wird auf ein Literaturverzeichnis verzichtet.

Möge nicht nur dieses Vorwort kritische Leserinnen und Leser finden.

Bochum, im Advent 2019 *Arndt Kiehnle*

# Inhaltsverzeichnis

## 1. Der Begriff „öffentlicher Glaube“ im heutigen deutschen Recht

Der Begriff öffentlicher Glaube kommt in heutigen deutschen Gesetzen nicht nur einmal vor. Dabei überrascht, dass wir den öffentlichen Glauben gerade in privatrechtlichen Regelungen finden, obwohl doch das Privatrecht die Rechtsbeziehungen zwischen Privaten, also Rechtsverhältnisse ohne Beteiligung der öffentlichen Hand in ihrer Eigenschaft als Trägerin spezifisch hoheitlicher Befugnisse regelt.

Am bekanntesten dürfte der öffentliche Glaube des Grundbuchs sein. Im BGB ist der Begriff diesbezüglich zwar erst seit Einfügung amtlicher Überschriften, also seit 2002, als Kennzeichnung des § 892 und des § 1138 (vgl. zudem den „öffentlichen Glauben beglaubigter Abtretungserklärungen“ in der Überschrift zu § 1155) zu finden, im EGBGB wurde er als Bezeichnung der Wirkung des § 892 aber schon 1900 verwendet (Art. 114, 187, 188, 191). Dem öffentlichen Glauben des Grundbuchs nachgebildet ist derjenige des Schiffsregisters (§ 16 Schiffsrechtegesetz)[1] und des (beim Amtsgericht Braunschweig zentral geführten)[2] Registers für Pfandrechte an Luftfahrzeugen (§ 16 Luftfahrzeuge-Rechtegesetz).[3] Wenn es dort auch bis heute an amtlichen Überschriften fehlt, kennen die einschlägigen Gesetze den Begriff doch schon in ihren jeweiligen §§ 52 I 2, 53 II, wobei §§ 52, 53 Schiffsrechtegesetz und Luftfahrzeuge-Rechtegesetz sachlich §§ 1157-1159 BGB entsprechen. Seit 2002 ist in den amtlichen Überschriften des BGB auch vom öffentlichen Glauben des Erbscheins (§ 2366 BGB) und vom „öffentlichen Glauben bei Todeserklärung“ (§ 2370) die Rede.

In der ZPO begegnen uns Urkunden, die von einer mit öffentlichem Glauben versehenen Person errichtet worden sind (§§ 371 a, 371 b, 415, 416 a, 437, 438 der aktuellen Fassung); das war schon in der CPO von 1877 der Fall (§§ 380, 402, 403).[4]

---

1 Vgl. genauer Herber, Seehandelsrecht, 2. Auflage 2016, S. 111 f., 117; Puttfarken, Seehandelsrecht, 1997, Rn. 633 f., 641, 645.

2 Zuständig ist nach § 78 LuftRG das Amtsgericht, in dessen Bezirk das Luftfahrt-Bundesamt seinen Sitz hat.

3 Vgl. genauer Schwenk/Giemulla, Handbuch des Luftverkehrsrechts, 5. Auflage 2019, Kapitel 7, Rn. 438.

4 Vgl. zur „Beschreibung“ einer „beweisverstärkenden Wirkung“ „mit dem Begriff des öffentlichen Glaubens“ im schweizerischen Recht, Vogt, Der öffentliche Glau-

Literatur und Rechtsprechung verwenden den Begriff öffentlicher Glaube auch dort, wo es das Gesetz nicht tut. So spricht man auch vom öffentlichen Glauben des Handelsregisters[5] (vgl. § 15 HGB) und des Partnerschaftsregisters[6] (vgl. § 5 II PartGG). In Bezug auf Handelsregister, Genossenschaftsregister[7] (vgl. § 29 GenG), Vereinsregister[8] (vgl. § 68 BGB) und Güterrechtsregister (vgl. § 1412 BGB) wird der Begriff aber viel seltener be-

---

be des Handelsregisters, 2003 (zugleich Dissertation Zürich 2001), § 1, Rn. 29, 40 ff.

5 RGZ 125, 228 (Überschrift: „Öffentlicher Glaube des Handelsregisters“); BGH WM 1965, 1054, Leitsatz 2, vgl. 1057, unter III. 2.; LSG Bremen, NJW 1971, 1584; BPatG, GRUR 2004, 1030, 1031, unter II 2 b; OLG Hamburg, BeckRS 2013, 16830 (5 U 16/11), unter II 3 c aa; Wellspacher, Das Vertrauen auf äußere Tatbestände im bürgerlichen Rechte, 1906, S. 115 f.; Ehrenberg in Ehrenberg (Hrsg.), Handbuch des gesamten Handelsrechts, Erster Band, 1913, S. 532 ff.: „negativer öffentlicher Glauben des Handelsregisters“, S. 644: „Es war eine ... weit verbreitete Ansicht, daß das Handelsregister ähnlich wie das Grundbuch ‚öffentlichen Glauben‘ genieße. Das ist ... in negativer Hinsicht richtig ...“ (vgl. aber Fn. 10); Baumbach/Hopt/Hopt, HGB, 38. Auflage 2018, § 15, Rn. 1: „Das HdlReg genießt öffentlichen Glauben, ähnlich (nicht gleich) dem des Grundbuchs ...“ Koller/Kindler/Roth/Drüen/Roth, HGB, 9. Auflage 2019, § 15, Rn. 1: „Ähnlich dem Grundbuch genießen sie (Handelsregister und Bekanntmachung) öffentlichen Glauben.“ Oetker/Preuß, HGB, 6. Auflage 2019, § 15, Rn. 1: dem Handelsregister wird „ein spezifischer ‚öffentlicher Glaube‘ beigemessen.“ Ebenroth/Boujong/Joost/Strohn/Gehrlein, HGB, 3. Auflage 2014, § 15, Rn. 2: „Die Bestimmung baut auf dem öffentlichen Glauben des Handelsregisters auf ...“ Fehrenbacher, Registerpublizität und Haftung im Zivilrecht, 2004, S. 133, 137 ff., 192; Steckhan, DNotZ 1971, 211; Staake, JURA 2016, 1352, 1354.

6 Feuerich/Weyland/Brüggemann, BRAO, 9. Auflage 2016, § 5 PartGG, Rn. 9: „Das Partnerschaftsregister genießt ... öffentlichen Glauben wie das Handelsregister, ähnlich – nicht gleich – dem des Grundbuchs ...“

7 Vgl. Henssler/Strohn/Geibel, Gesellschaftsrecht, 4. Auflage 2019, § 29 GenG, Rn. 1: „... genießt das Genossenschaftsregister nach § 29 nur in begrenztem Umfang einen öffentlichen Glauben ...“; Fehrenbacher, Registerpublizität und Haftung im Zivilrecht, 2004, S. 199, 225.

8 Wellspacher, Das Vertrauen auf äußere Tatbestände im bürgerlichen Rechte, 1906, S. 24 f.; Planck/Knoke, 4. Auflage 1913, § 68, Anm. 1: „Beschränkter Glaube des Vereinsregisters. Das Vereinsregister hat nach dem BGB. nicht in gleicher Art öffentlichen Glauben wie das Grundbuch.“ Oertmann, Kommentar zum Bürgerlichen Gesetzbuch ..., Allgemeiner Teil, 3. Auflage 1927, § 68, Anm. 1: „Zwar wird dem Vereinsregister nicht, wie dem Grundbuch, allgemein ein öffentlicher Glaube beigelegt, aber die Sonderbestimmungen der §§ 68-70 enthalten eine gewisse Annäherung daran ...“ Crome, System des Deutschen Bürgerlichen Rechts, Erster Band, 1900, S. 242, Fn. 16: „Es besteht kein allgemeines Publizitätsprinzip für das Vereinsregister ...“ Schwaratzki, Verwaltungsrundschau 1991, 163: „Das Vereinsregister genießt ... nicht wie das Grundbuch und der Erbschein einen öffentlichen

nutzt als für Grundbuch, Erbschein und öffentliche Urkunden (Legaldefinition in § 415 ZPO) und bisweilen wird seine Verwendung beispielsweise für das Güterrechtsregister[9] und das Handelsregister[10] sogar explizit abgelehnt. Statt vom öffentlichen Glauben zu reden, bevorzugt man den Ausdruck materielle Publizität,[11] wobei zwischen negativer und positiver Publizität zu unterscheiden sein wird. § 29 GenG trägt sogar die amtliche Überschrift Publizität des Genossenschaftsregisters. Schließlich werden die Wertpapiere, die den redlichen Erwerb des verbrieften Rechts vom Nicht-

---

Glauben ... sondern ähnlich wie das Handelsregister und das Güterrechtsregister eine sog. negative Publizität ...“

9 Staudinger/Thiele, 2018, § 1412 BGB, Rn. 44: „Das Güterrechtsregister genießt keinen öffentlichen Glauben. ... Das Register hat nur ‚negative Publizität‘, aber keine ‚positive Publizität‘.“ Dölle, Familienrecht, Band I, 1964, S. 725: „Dem Reden des Registers ist nicht zu trauen! Das Güterrechtsregister genießt keinen öffentlichen Glauben.“ Bumiller/Harders/Schwamb/Harders, FamFG, 12. Auflage 2019, § 374, Rn. 15: „Dem Güterrechtsregister kommt kein öffentlicher Glaube zu ...“ Grziwotz in Beck'sches Notar-Handbuch, 6. Auflage 2015, B I, Rn. 112: „Öffentlicher Glaube kommt dem Güterrechtsregister nicht zu; man kann sich vielmehr nur auf sein Schweigen verlassen.“ Crome, System des Deutschen Bürgerlichen Rechts, Vierter Band, 1908, S. 178: „... es gibt ... keinen öffentlichen Glauben der Eintragungen im Güterrechtsregister in dem Sinne, daß sich jeder auf die positive Richtigkeit der Eintragungen verlassen darf.“ Fehrenbacher, Registerpublizität und Haftung im Zivilrecht, 2004, S. 279.

10 RGZ 142, 98, 105: „der – nicht bestehende – öffentliche Glaube des Handelsregisters“; Ehrenberg in Ehrenberg (Hrsg.), Handbuch des gesamten Handelsrechts, Erster Band, 1913, S. 534 f.: „Wenn auch ... öffentlicher Glaube den Eintragungen ins Handelsregister nicht zukommt ...“ S. 621, 644: „Es war eine ... weit verbreitete Ansicht, daß das Handelsregister ähnlich wie das Grundbuch ‚öffentlichen Glauben‘ genieße. Das ist ... in positiver Hinsicht unrichtig ...“ S. 650, 652 (vgl. aber Fn. 5).

11 Fehrenbacher, Registerpublizität und Haftung im Zivilrecht, 2004, S. 199, 202 ff., auch zum Grundbuch S. 246 ff., wobei Fehrenbacher auch die Vermutung nach § 891 BGB zur materiellen Publizität zählt; ebenso zur „positiven Publizität“ des Grundbuchs Wilhelm, Sachenrecht, 6. Auflage 2019, Rn. 663 a. E.; ähnlich Staudinger/Picker, 2019, § 891 BGB, Rn. 2: Vermutung und öffentlicher Glaube sind „einander ergänzende Teilaspekte des Publizitätsprinzips im Liegenschaftsrecht“. Muscheler, Erbrecht, Band II, 2010, Rn. 3274, 3279, und JURA 2009, 329, 331: „Gutglaubensschutzfunktion“ gleich „Publizität“ des Erbscheins. Vgl. zur „Verwendung anderer Begriffe für die Rechtslage des öffentlichen Glaubens“ im schweizerischen Recht, Vogt, Der öffentliche Glaube des Handelsregisters, 2003 (zugleich Dissertation Zürich 2001), § 1, Rn. 28, der selbst „Publizitätswirkungen“ und öffentlichen Glauben unterscheidet (Rn. 57 ff.).

berechtigten durch Übergabe des Papiers ermöglichen, als Wertpapiere öffentlichen Glaubens bezeichnet.[12]

Im Strafrecht sind die Bedeutung des öffentlichen Glaubens von Urkunden für die Falschbeurkundung im Amt (§ 348 StGB) generell und insbesondere Zulässigkeit und Nützlichkeit einer Heranziehung der Vorschriften der ZPO zwecks Definition eines solchen öffentlichen Glaubens um-

12 Brunner in Endemann, Handbuch des deutschen Handels-, See- und Wechselrechts, Zweiter Band, 1882, S. 140, 152, 168 ff., 172, mit Fn. 11: „Weil der Inhalt der Urkunden zu Gunsten gutgläubiger Dritter formelle Wahrheit bildet, mag die Bezeichnung ‚Werthpapiere öffentlichen Glaubens‘ nicht unpassend sein. Diese Benennung bringt zugleich die naheliegenden Analogien zum Ausdruck, welche zwischen der publica fides der Werthpapiere und des Grundbuchs obwalten.“ Sedatis, Einführung in das Wertpapierrecht, 1988, Rn. 311: „Da der Erwerber ähnlich wie beim Grundbuch in seinem Vertrauen auf den Inhalt der Urkunde geschützt wird, bezeichnet man die Inhaber- und Orderpapiere auch als Wertpapiere öffentlichen Glaubens.“ Hueck/Canaris, Recht der Wertpapiere, 12. Auflage 1986, S. 3, 25 f.; Schmidt, Handelsrecht, Unternehmensrecht I, 6. Auflage 2014, § 24, Rn. 3, 6 ff.; Koller/Kindler/Roth/Drüen/Koller, HGB, 9. Auflage 2019, § 365, Rn. 1 f.; Jacobi, Die Wertpapiere im bürgerlichen Recht, 2. Auflage 1917, S. 2; Ebenroth/Boujong/Joost/Strohn/Hakenberg, HGB, 3. Auflage 2015, § 363, Rn. 3; Staudinger/Marburger, 2015, Vor §§ 793 ff. BGB, Rn. 2; Röhricht/Graf v. Westphalen/Haas/Steimle/Dornieden, HGB, 5. Auflage 2019, § 363, Rn. 8; Erman/Schulte-Bunert, 15. Auflage 2017, § 1822 BGB, Rn. 28; Gursky, Wertpapierrecht, 3. Auflage 2007, S. 10; Freiherr v. Schwerin, Wechsel- und Scheckrecht einschließlich der Grundbegriffe des Wertpapierrechts, 2. Auflage 1934, S. 10; Baumbach/Hefermehl/Casper, Wechselgesetz, Scheckgesetz, 23. Auflage 2008, Grundzüge des Wertpapierrechts WPR, Rn. 15; OLG Frankfurt, BeckRS 1993, 09463 (13 U 231/91). Gegen diese Bezeichnung Goldschmidt, ZHR 28 (1882), 63, 71 f.: „Denn wollte man auch ohne entsprechende ‚öffentliche Einrichtungen‘ ‚öffentlichen Glauben‘ statuieren,“ seien die Unterschiede zwischen dem Erwerb eines Wertpapiers vom Nichtberechtigten und dem Erwerb aufgrund öffentlichen Glaubens, „z. B. des Grundbuchs“, doch zu groß. Lehmann, Lehrbuch des Deutschen Wechselrechts, 1886, S. 21, mit Fn. 3 („Unhaltbarkeit des Begriffs“). Kritisch auch Dernburg/Raape, Das bürgerliche Recht des Deutschen Reichs und Preußens, Zweiter Band, Zweite Abteilung, 4. Auflage 1915, § 249 III, S. 306 f., insbesondere Fn. 9, wo wie schon in Dernburg, Lehrbuch des Preußischen Privatrechts und der Privatrechtsnormen des Reichs, Zweiter Band, 2. Auflage 1880, § 253, S. 716 f., ungeachtet der beschriebenen sehr allgemeinen Ähnlichkeiten zwischen Grundbuch und Wechsel bezüglich der Ermöglichung redlichen Erwerbs stärker die Unterschiede zwischen beiden betont werden. Otto Gierke, Deutsches Privatrecht, Zweiter Band, 1905, S. 124, Fn. 9, nennt die Bezeichnung „ ‚Wertpapiere des öffentlichen Glaubens‘ “ einen „nicht ganz zutreffenden Namen“.

stritten.[13] Insbesondere im Strafrecht ist ausdrücklich vom „öffentlichen Glauben der Urkunde“[14] und nicht nur wie in § 415 ZPO vom öffentlichen Glauben ihres Ausstellers die Rede. Wir wollen uns im Folgenden freilich auf das Privatrecht beschränken.

13 Vgl. Kindhäuser/Neumann/Paeffgen/Puppe/Schumann, StGB, 5. Auflage 2017, § 348, Rn. 2; MünchKommStGB/Freund, 3. Auflage 2019, § 348, Rn. 12 f.; Schönke/Schröder/Hecker, StGB, 30. Auflage 2019, § 348, Rn. 12.

14 Siehe nur BGH DNotZ 2002, 536 (= BGHSt 47, 39), 537.

## 2. Keine einheitliche Bedeutung des Begriffs „öffentlicher Glaube“ im heutigen deutschen Recht

Wird der Begriff öffentlicher Glaube in allen genannten Zusammenhängen einheitlich verwendet? Das ist offensichtlich nicht der Fall.[15]

### *a) Änderung der materiellen Rechtslage aufgrund „öffentlichen Glaubens“*

Wo Grundbuch und die anderen Register sowie Erbschein und Todeserklärung öffentlichen Glauben genießen, hat das zur Folge, dass ein redlicher Teilnehmer am rechtsgeschäftlichen Verkehr, der auf den Inhalt dieser Bücher, Register oder Urkunden vertraut oder zumindest vertrauen könnte, die Rechtsstellung erlangt, die er auch erlangen würde, wenn der fehlerhafte Inhalt die materiellrechtliche Lage zutreffend wiedergäbe. Wer vom öffentlichen Glauben profitiert, kann also z. B. ein Recht vom eingetragenen Nichtberechtigten oder ein Recht (lasten)frei vom beschränkt-dinglichen Recht eines nicht Eingetragenen erwerben oder mit befreiender Wirkung an einen eingetragenen Nicht-Gläubiger leisten.

### *b) Bloße Vermutungswirkung des „öffentlichen Glaubens“*

Wer dagegen eine öffentliche Urkunde zum Beweis im Prozess verwendet, kann sich zwar auf die Beweiskraft der öffentlichen Urkunden berufen, diese Beweiskraft ist aber widerlegbar (§ 415 II ZPO), so dass für das öf-

---

15 Vgl. Ehrenberg in Ehrenberg (Hrsg.), Handbuch des gesamten Handelsrechts, Erster Band, 1913, S. 644, Fn. 1: „ ‚Öffentlicher Glaube‘ ist kein fester Begriff; es gibt verschiedene Grade oder Möglichkeiten dieses ‚Glaubens‘.“ Regelsberger, Studien im bayerischen Hypothekenrechte, 1872, S. 91: der öffentliche Glaube öffentlicher Urkunden ist eine prozessuale Erscheinung, von der das „materiellrechtliche“ „Prinzip der Oeffentlichkeit“, die materielle Publizität, zu unterscheiden ist. Wenn Wudarski in Wudarski (Hrsg.), Das Grundbuch im Europa des 21. Jahrhunderts, 2016, S. 23, 59, 64 f., den öffentlichen Glauben des Grundbuchs damit zu erklären versucht, dass das Grundbuch eine öffentliche Urkunde sei, führt das hingegen eher zu Konfusion.

fentlich Beurkundete letztlich nur eine Art Vermutung spricht.[16] Der zivilprozessuale öffentliche Glaube öffentlicher Urkunden geht somit nicht über die gesetzlichen Vermutungen der §§ 891, 2365 BGB (und des § 15 Schiffsrechtegesetz sowie des § 15 Luftfahrzeuge-Rechtegesetz) hinaus,[17] die ihrerseits offensichtlich hinter dem durch den öffentlichen Glauben der §§ 892, 2366 dem Vertrauenden gewährten Schutz zurückbleiben, da sie eben widerlegbar sind, während der öffentliche Glaube des Grundbuchs und des Erbscheins zu einer Änderung der materiellen Rechtslage zugunsten des Geschützten führt. Für Handelsregister, Genossenschaftsregister, Vereinsregister und Güterrechtsregister fehlt es an einer ausdrückli-

16 MünchKommZPO/Schreiber, 5. Auflage 2016, § 415, Rn. 30: keine gesetzliche Vermutung i. S. d. § 292, aber eine tatsächliche Vermutung (generell gegen tatsächliche Vermutungen MünchKommZPO/Prütting, 5. Auflage 2016, § 292, Rn. 7, 27 f.). Vgl. Ahrens, Der Beweis im Zivilprozess, 2015, Kapitel 26, Rn. 22, und Wieczorek/Schütze/Ahrens, ZPO Großkommentar, Band 6, 4. Auflage 2014, § 415, Rn. 36 (keine gesetzliche Vermutung i. S. d. § 292); Vogt, Der öffentliche Glaube des Handelsregisters, 2003 (zugleich Dissertation Zürich 2001), § 8, Rn. 17: „Im praktischen Ergebnis kommt die Beweisregel ... einer gesetzlichen Vermutung gleich.“ Vgl. auch § 437 ZPO zur Vermutung der Echtheit anscheinend öffentlicher Urkunden. Den Unterschied zwischen (materiellrechtlichem) öffentlichem Glauben und prozessualer Beweisfunktion hebt auch Mayer, Grünhuts Zeitschrift für das Privat- und öffentliche Recht der Gegenwart 32 (1906), 245, 348 f., klar hervor: die Unrichtigkeit des in einer öffentlichen Urkunde Bezeugten kann gegen den mit ihr geführten „vollen Beweis“ bewiesen werden, so dass der Beweis mittels der Urkunde scheitert, während der öffentliche Glaube eben gerade dann praktisch wird, wenn die Unrichtigkeit einer Eintragung feststeht. Vgl. zu dieser Unterscheidung im schweizerischen Recht Vogt, Der öffentliche Glaube des Handelsregisters, 2003 (zugleich Dissertation Zürich 2001), § 1, Rn. 40 ff., der daraus folgert (Rn. 41), dass „der Begriff des öffentlichen Glaubens für sie (die beweisverstärkende Wirkung öffentlicher Register) ... nicht verwendet werden (sollte)“; zum Verhältnis zwischen Beweiskraft und öffentlichem Glauben weiter § 8. Das Reichsoberhandelsgericht wollte in ROHGE 23, 285, 286, mit dem Gedanken, eine Eintragung im Handelsregister sei „nichts ... als die Beurkundung einer vor dem Registerrichter abgegebenen Erklärung zu öffentlichem Glauben,“ gerade das Fehlen materiellrechtlicher Publizität begründen und eine lediglich prozessuale Beweiskraft der Eintragung dartun.

17 Vgl. zum Verhältnis zwischen Beweiskraft und Vermutung der Richtigkeit einer Registereintragung Vogt, Der öffentliche Glaube des Handelsregisters, 2003 (zugleich Dissertation Zürich 2001), § 8, Rn. 23 ff. Zur fehlenden unmittelbaren, aber entsprechenden Anwendbarkeit des § 292 ZPO auf Rechtsvermutungen wie § 891 BGB Rosenberg/Schwab/Gottwald, Zivilprozessrecht, 18. Auflage 2018, § 113, Rn. 34; Staudinger/Picker, 2019, § 891 BGB, Rn. 56; MünchKommBGB/Kohler, 7. Auflage 2017, § 891, Rn. 19 (vgl. aber auch Rn. 1); Wieczorek/Schütze/Assmann, ZPO Großkommentar, Band 4, 4. Auflage 2013, § 292, Rn. 8.

chen gesetzlichen Vermutung der Richtigkeit der Eintragungen, so dass insbesondere hinsichtlich des Handelsregisters bis heute umstritten ist, ob eine solche Vermutung aufgrund der verfahrensrechtlichen Kautelen zur Vermeidung unzutreffender Eintragungen angenommen werden darf.[18] Verneint man eine solche Vermutungswirkung, bedeutet das, dass man materielle Publizität ohne Vermutung der Richtigkeit befürwortet, was die Frage provoziert, weshalb jemand der falschen Buchlage so vertrauen darf, dass er endgültig geschützt wird, wenn für den Buchinhalt noch nicht einmal eine Vermutung gelten soll.[19] Im Übrigen genügen zum Nachweis diverser Umstände im Grundbuchverfahren gemäß §§ 32-35 GBO entsprechende Eintragungen im Handels-, Genossenschafts-, Partnerschafts-, Vereins- oder Güterrechtsregister oder ein Erbschein. Also wird doch offenbar die Verlässlichkeit solcher Eintragungen so hoch bewertet, dass auch eine

---

18 Bejahend Ehrenberg in Ehrenberg (Hrsg.), Handbuch des gesamten Handelsrechts, Erster Band, 1913, S. 534 f., 621 f.; im Ergebnis wohl auch Deschler, Handelsregisterpublizität und Verkehrsschutz, Dissertation Tübingen 1977, S. 56 ff.; a. A. (nur „Beweis des ersten Anscheins“ für die Richtigkeit der Eintragung) Staub, Kommentar zum HGB, Erster Band, 6./7. Auflage 1900, § 8 HGB, Anm. 15 f.; Staub/Hüffer, Erster Band, 4. Auflage, Stand 1.4.1982, § 8 HGB, Rn. 83; Canaris, Handelsrecht, 24. Auflage 2006, § 4, Rn. 14; Staub/Koch, Erster Band, 5. Auflage 2009, § 8 HGB, Rn. 123.

19 Vgl. zum Verhältnis zwischen der Vermutung des § 891 und dem öffentlichen Glauben gemäß § 892 BGB Kiehnle, Der Erwerb kraft öffentlichen Glaubens in der württembergischen Pfandgesetzgebung von 1825/1828 und im Bürgerlichen Gesetzbuch, 2004, S. 225 f., Fn. 21 f. Außerdem Wiegand, JuS 1978, 145, 147: „Der Gesetzgeber hat ... eine Richtigkeitsvermutung (§§ 891, 2365) vorgeschaltet, auf der ... der Erwerbstatbestand ... (§§ 892, 893; 2366, 2367) aufbaut.“ Fehlt dann ohne Vermutung dem redlichen Erwerb das Fundament? Die Frage stellt sich eventuell noch drängender, wenn man den öffentlichen Glauben bestimmter Bücher als „unumstößlichen Beweis“ der Richtigkeit gewisser Eintragungen konstruiert; so im 19. Jahrhundert z. B. Prinz, Der Einfluß der Hypothekenbuchsverfassung auf das Sachenrecht, 1858, S. 28 f. (gegen die Konstruktion als Fiktion; Roloff, Neues Archiv für preussisches Recht und Verfahren 15 (1852), 1, 421, 424 ff. geht dagegen ohne Weiteres von einer „Fiction“ aus; vgl. zu der bis heute nicht wesentlich weiter gediehenen diesbezüglichen Diskussion zur Einordung als unwiderlegbare Vermutung oder Fiktion Kiehnle, Der Erwerb kraft öffentlichen Glaubens in der württembergischen Pfandgesetzgebung von 1825/1828 und im Bürgerlichen Gesetzbuch, 2004, S. 21, Fn. 2; sowohl gegen Vermutung als auch gegen Fiktion Regelsberger, Das Bayerische Hypothekenrecht, 1874, S. 138, Fn. 5). Umgekehrt kann aus einer Vermutung für die Richtigkeit einer Eintragung nicht darauf geschlossen werden, der Eintragung müsse auch öffentlicher Glaube zukommen, vgl. Vogt, Der öffentliche Glaube des Handelsregisters, 2003 (zugleich Dissertation Zürich 2001), § 8, Rn. 38 ff.

Vermutungswirkung wie nach §§ 891, 2365 BGB gerechtfertigt erscheinen könnte.[20]

---

20 Vgl. zur Frage, ob die Richtigkeit der GmbH-Gesellschafterliste zu vermuten ist, Omlor, Verkehrsschutz im Kapitalgesellschaftsrecht, 2010, S. 378 ff., der eine solche Vermutung letztlich wegen des „prinzipielle(n) Gegensatz(es) zwischen dem öffentlich geführten Grundbuch und der privat geführten Gesellschafterliste“ ablehnt (S. 384, zusammenfassend S. 546 unten).

## 3. Was macht den Glauben öffentlich?

Wir möchten die Frage, wodurch öffentlicher Glauben legitimiert wird,[21] so konkretisieren, dass wir danach fragen, was den geschützten Glauben zu einem öffentlichen macht und machte.[22] Das ist rechtshistorisch von Interesse, aber auch dogmatisch, zumal der Gesetzgeber (beispielsweise) mit § 899 a BGB und § 16 III GmbHG in den letzten Jahren weitere Vorschriften geschaffen hat, deren Einordnung in das bisherige System des öffentlichen Glaubens des Grundbuchs und der Publizität des Handelsregisters große Probleme bereitet,[23] und sich Zivilrechtslehrer wie Staatsrechtslehrer auf ihren (getrennten) Tagungen im Herbst 2019 jeweils mit der Bedeutung öffentlicher Interessen im Privatrecht (Tagung der Zivilrechtslehrervereinigung: „Gemeinwohl und Privatrecht") und dem Verhältnis zwischen öffentlichem Recht und Privatrecht (79. Jahrestagung der Vereinigung der deutschen Staatsrechtslehrer – „Generalthema: Öffentliches Recht und Privatrecht") befasst haben, also mit Dauerfragen beider Rechtsgebiete,[24] zu deren besserem Verständnis gerade auch Detailstudien wie diese beitragen könnten.

Ist und war die Öffentlichkeit Subjekt oder (Dativ-)Objekt des öffentlichen Glaubens? Darf die Öffentlichkeit (ein unbestimmter Personenkreis)

---

21 Vgl. auch Schulte in Schulte/Mostert/van Renswoude (Hrsg.), Strategies of Writing, 2008, S. 15, 36: „Nach dem ‚Grund der Glaubwürdigkeit' der Notariatsurkunden zu fragen, stellt ein reizvolles Ziel historischen Arbeitens dar."

22 Vgl. Zimmermann, NJW 2017, 2971, 2974, zu Siehr, Das Recht am öffentlichen Raum, 2016: Sie frage, was „das spezifisch ‚Öffentliche' am öffentlichen Raum" sei. Vgl. etwa Siehr, S. 108: „Will man wissen, was den ‚Raum' zum ‚öffentlichen Raum' macht, so muss man … Klarheit darüber gewinnen, welche Bedeutungsgehalte den Begriffen ‚öffentlich' bzw. ‚Öffentlichkeit' zukommen …"

23 Vgl. zu § 16 GmbHG unten Fn. 172. Zu § 899 a BGB etwa Kiehnle, ZHR 174 (2010), 209, und Witt, BB 2011, 259.

24 Vgl. zur Geschichte der Unterscheidung zwischen öffentlichem Recht und Privatrecht statt vieler Gagnér in v. Caemmerer/Zweigert (Hrsg.), Deutsche Landesreferate zum VII. Internationalen Kongreß für Rechtsvergleichung in Uppsala 1966, 1967, S. 23 (mit dem schönen Einleitungssatz: „Zu den Paradoxen unserer Rechtswissenschaft gehört, daß eine Dichotomie öffentliches Recht – Privatrecht ziemlich durchgehend behauptet wird, und daß es offenbar niemandem gelungen ist, eine einigermaßen einwandfreie Darstellung dieser Zweiteilung zustande zu bringen."); Mohnhaupt, Rechtsgeschichte 19 (2011), 239.

etwas glauben, was in öffentlich zugänglicher Weise publik gemacht worden ist, oder darf jemand der Öffentlichkeit (verkörpert durch den Staat) das glauben, was sie in Urkunden und Registern dokumentiert?[25] Ist der Glaube im Sinne besonderer Glaubwürdigkeit Eigenschaft des Bekanntgegebenen[26] oder (was sich gegenseitig nicht ausschließt) glaubt der, der einem Rechtsschein vertraut?[27]

---

25 Vgl. andeutungsweise auch Kiehnle, Artikel „Öffentlicher Glaube“, Handwörterbuch zur deutschen Rechtsgeschichte, 2. Auflage, 25. Lieferung 2017, Spalte 88, 89. Die Fragestellung ließe sich auch durch einen Vergleich mit der Unterscheidung zwischen genitivus subiectivus und genitivus obiectivus verdeutlichen. Wenn man vom „Glauben der Öffentlichkeit“ spricht, kann man sowohl das meinen, was die Öffentlichkeit glaubt (genitivus subiectivus), als auch eventuell den Umstand bezeichnen, dass an die Öffentlichkeit geglaubt wird (genitivus obiectivus). Das harsche Urteil, dass „einen Genitivus obiectivus adjektivisch auszudrücken, ... lächerlich (wirkt) und ... abzulehnen (ist)“ (Duden, Zweifelsfälle der deutschen Sprache, 2. Auflage 1972, S. 29; im Ergebnis zustimmend Schäublin, Probleme des adnominalen Attributs in der deutschen Sprache der Gegenwart, 1972, S. 124), sowie die zutreffende Feststellung, dass es „eine Reihe von Verbalsubstantiven (gibt), die heute im allgemeinen nur mit dem Genitivus subiectivus stehen“, während der „obiectivus ... zumeist durch ein präpositionales Gefüge ersetzt“ wird und grammatisch korrekt nicht an Stelle eines Dativobjekts verwendet werden darf (Duden, Zweifelsfälle der deutschen Sprache, 2. Auflage 1972, S. 287; inhaltlich übereinstimmend Duden, Richtiges und gutes Deutsch, 6. Auflage 2007, S. 365 f.), sind zwar als berechtigte Warnungen davor zu berücksichtigen, von „öffentlichem Glauben“ oder „Glauben der Öffentlichkeit“ im Sinne eines „Glaubens an die Öffentlichkeit“ oder eines „der Öffentlichkeit glauben“ zu sprechen, sie schließen aber nicht aus, dass in der juristischen Vorstellungswelt mit „öffentlichem Glauben“ doch genau das gemeint ist. In der Theologie streitet man intensiv über die richtige Übersetzung dreier Stellen (Phil 3, 9; Röm 3, 22; Gal 2, 16), in denen von πίστις Χριστοῦ (fides Christi) die Rede ist, denn das kann nach griechischer (und lateinischer) Grammatik „Glaube an Christus“ (genitivus obiectivus) oder „Glaube Christi“ (subiectivus) bedeuten; vgl. nur Häußer, Der Brief des Paulus an die Philipper, 2016, S. 233 f.; die Elberfelder Bibel, Ausgabe 2008, übersetzt im Text jeweils mit „Glauben an Christus“, bietet aber in den Fußnoten zu Phil 3, 9 und Röm 3, 22 die Alternative „o. Glauben Christi“ an.

26 Vgl. Vogt, Der öffentliche Glaube des Handelsregisters, 2003 (zugleich Dissertation Zürich 2001), § 1, Rn. 13, § 12, Rn. 211.

27 Vgl. Vogt, Der öffentliche Glaube des Handelsregisters, 2003 (zugleich Dissertation Zürich 2001), § 1, Rn. 5, mit Fn. 5, Rn. 19 ff., § 12, Rn. 209 ff. Ernst Wolf, Lehrbuch des Sachenrechts, 2. Auflage 1979, S. 232, lehnt den Begriff „öffentlicher Glaube“ des Grundbuchs oder anderer öffentlicher Register ab, weil durch ihn „verunklart (wird), daß auch ... ein subjektiver guter Glaube eines ... Beteiligten notwendig ist.“ Diese Gefahr sehe ich nicht. Möglicherweise führt es weiter, sich der uralten, auf Augustinus zurückgehenden (De Trinitate, XIII 2, in der Ausgabe von Mountain, Corpus Christianorum, Series Latina, Aurelii Augustini

Es fällt auf, dass man vom öffentlichen Glauben fast nur dort spricht, wo „künstliche äußere Tatbestände" im 1906 von Wellspacher beschriebenen Sinne[28] Vertrauen erwecken (können), während vom öffentlichen Glauben des Besitzes oder anderer „natürlicher äußerer Tatbestände"[29] (so gut wie) nicht die Rede ist, obwohl doch sowohl die Grundbucheintragung als auch der Besitz eine „Publizitätsfunktion"[30] haben und „Publizi-

Opera, Pars XVI 2, Turnhout 1968, S. 386, Zeile 28 f.: „sed aliud sunt ea quae creduntur, aliud fides qua creduntur"; englische Übersetzung von West Haddan in Schaff [Hrsg.], A Select Library of the Nicene and Post-Nicene Fathers, Volume III: St. Augustin, Grand Rapids 1956, S. 169, linke Spalte: „But that which is believed is a different thing from the faith by which it is believed."; deutsche Übersetzung von Böttigheimer, Lehrbuch der Fundamentaltheologie, 3. Auflage 2016, S. 56: „Etwas anderes sind die Wahrheiten, an die man glaubt, etwas anderes ist der Glaube, durch den man glaubt.") theologischen Unterscheidung zwischen „fides qua creditur" (eher subjektiver Glaubensakt bzw. -vorgang) und „fides quae creditur" (objektiver Glaubensinhalt) zu erinnern (vgl. Böttigheimer, S. 56 ff.), die wohl seit Johann Gerhard (1582-1637) als feststehendes Begriffspaar verwendet wird (Loci Theologici XVI 66, in der Ausgabe von Preuß, Band 3, 1865, S. 350, linke Spalte; vgl. Barth, Die kirchliche Dogmatik, Erster Band, Erster Halbband, 8. Auflage 1964, S. 248 sowie S. IX; Schüz, Glaube in Karl Barths Kirchlicher Dogmatik, 2018, S. 14 ff.).

28 Wellspacher, Das Vertrauen auf äußere Tatbestände im bürgerlichen Rechte, 1906, S. 21: „Zum Teile schafft die Gesetzgebung oder der Verkehr künstliche äußere Tatbestände, an welche der Schutz des guten Glaubens anknüpft – [Grundbuch,] Vereinsregister, Heiratsregister, Güterrechtsregister, Erbschein ..."

29 Wellspacher, Das Vertrauen auf äußere Tatbestände im bürgerlichen Rechte, 1906, S. 21: „... zum Teile schließt das moderne Recht diesen Schutz [den Vertrauensschutz oder den Schutz des guten Glaubens] an die im Rechtsleben gegebenen natürlichen äußeren Tatbestände [wie den Besitz] an."

30 Wellspacher, Das Vertrauen auf äußere Tatbestände im bürgerlichen Rechte, 1906, S. 15, 1 f.; Westermann/Gursky/Eickmann, Sachenrecht, 8. Auflage 2011, § 2, Rn. 5. Dagegen in einigen Beziehungen Bauer in Habscheid/Gaul/Mikat (Hrsg.), Festschrift Bosch, 1976, S. 1, Ergebnis S. 25: die „Übereignung von Fahrnis gründet sich nicht auf eine Publizitätsfunktion des Besitzes. Weder für das Erfordernis der Tradition noch für die Vertrauensgrundlage des Eigentumsanscheins ist der Besitz als Publizitätszeichen ... bestimmend." Das „unterstellte ... Publizitätsprinzip" sei insoweit „unhaltbar". Vgl. aber auch S. 3 (ff.): „der unmittelbare Besitz (hat) ... durchaus eine ... Publizitätsfunktion ..." S. 4 f.: „Der unmittelbare Besitz publiziert regelmäßig [nur], daß die Sache nicht herrenlos ist." Gegen Besitz als „aussagekräftige Publizitätsgrundlage" Füller, Eigenständiges Sachenrecht?, 2006, S. 277 ff., und gegen die „Publizitätsfunktion der Übergabe" S. 298 ff., zusammenfassend S. 365 ff.: „Der Besitz als untauglicher Publizitätsträger im Fahrnisrecht". Als der Problemlösung hinderlich bezeichnet „die Lehre von der Publizitätsfunktion des Besitzes" Hübner, Der Rechtsverlust im Mobiliarsachenrecht, 1955, S. 56 f., 68.

tätsmittel“[31] sind oder sein sollen.[32] Muss das Vertrauen also von der Öffentlichkeit, typischerweise dem Staat, vielleicht auch von einer größeren Gemeinschaft von Teilnehmern am Rechts- und Geschäftsverkehr geschaffen werden, ist die Öffentlichkeit also besonders glaubwürdig? Oder kommt es doch darauf an, dass die Öffentlichkeit glauben darf, weil ihr etwas kundgetan worden ist? Dieser Frage wollen wir in der Reihenfolge, in

---

31 Crome, System des Deutschen Bürgerlichen Rechts, Dritter Band, 1905, S. 191; Vogt, Der öffentliche Glaube des Handelsregisters, 2003 (zugleich Dissertation Zürich 2001), § 1, Rn. 5, mit Fn. 3, Rn. 13. M. E. treffender spricht Wieling, Sachenrecht, Band I, 2. Auflage 2006, § 1 II 4 d, S. 24, vom Besitz als „Publizitätstatbestand“. Vgl. auch Müller/Gruber, Sachenrecht, 5. Auflage 2016, Rn. 75 („Publizitätszeichen“); Westermann/Gursky/Eickmann, Sachenrecht, 8. Auflage 2011, § 1, Rn. 19, wo schlicht von der „Publizität des Besitzes“ die Rede ist. Gegen die „Eignung des Besitzes als Publizitätsmittel“ Quantz, Besitz und Publizität im Recht der beweglichen Sachen, 2005, S. 35 ff., der ihm lediglich die Funktion einer „Manifestation“ zuspricht, vgl. S. 65 ff., 153 f., 31 ff. und hier unten Fn. 79. Zusammenfassend S. 326: eine „Gleichstellung oder auch nur Annäherung von Besitz und Grundbuch als Publizitätsmittel (lässt sich) nicht halten.“ S. 327: „Der Besitz ist nicht nur als Publizitätsmittel weitgehend ungeeignet, er wird auch nicht als solches eingesetzt; er unterscheidet sich vielmehr in seinem Wesen erheblich vom Grundbuch.“ S. 327 ff.

32 Wellspacher, Das Vertrauen auf äußere Tatbestände im bürgerlichen Rechte, 1906, S. 58 ff., rechnet Urkunden allerdings zu den „natürlichen äußeren Tatbeständen“ und Urkunden können sehr wohl öffentlichen Glauben genießen. Die Dokumentation eines Geschäfts durch eine bestimmte Förmlichkeiten wahrende Urkunde wird aber oft durch Gesetz oder Verkehr bestimmt, so dass die Einordnung als „künstlicher äußerer Tatbestand“ zumindest nicht weniger einleuchtend wäre. Vogt, Der öffentliche Glaube des Handelsregisters, 2003 (zugleich Dissertation Zürich 2001), § 1, Rn. 13, deutet eine Dreiteilung der „Publizitätsmittel“ mit Rechtsscheinwirkung an: „ein tatsächliches … Verhältnis … (wie … der Besitz), eine Urkunde (wie etwa ein Wertpapier) oder eine künstliche Einrichtung, insbesondere ein Register.“ „Wertpapier(e) öffentlichen Glaubens“ (Vogt, Fn. 23; vgl. hier oben Fn. 12) haben nun anders als öffentliche Urkunden (so gut wie) keine hoheitliche Legitimation, so dass man ihren öffentlichen Glauben kaum mit dem Glauben an die Öffentlichkeit erklären kann. Die Beschreibung des öffentlichen Glaubens in § 1, Rn. 5, wonach dessen Begriffs- „Kern … das Vertrauen auf einen durch ein Publizitätsmittel geschaffenen Rechtsschein“ sei, lässt es sogar möglich erscheinen, vom öffentlichen Glauben des Besitzes zu sprechen. Vgl. unten bei Fn. 83 ff. Eine Dreiteilung der Rechtsscheinstatbestände schlagen auch Thomale/Schüßler, ZfPW 2015, 454, 456-458, 486 (These 1) vor: ein Rechtsschein soll sich aus „öffentlichem Glauben“, „privaten Erklärungen“ (nicht zuletzt Urkunden; vgl. aber, wohl nicht ganz widerspruchsfrei, 474 ff. zur „Abgrenzung [von Rechtsscheinstatbeständen] zur normativen Willenserklärung“) oder „Umgebungstatsachen“, die als „ ‚lebendige‘ tatsächliche Umstände“ umschrieben werden (wie z. B. Besitz oder Besitzverschaffungsmacht), ergeben können.

der die fides (publica) und der öffentliche Glaube in der Privatrechtsgeschichte auf verschiedenen Feldern Bedeutung gewonnen haben, nachgehen. Ausgehend von der fides bestimmter Urkunden im Mittelalter werden wir über die „fides hastae" im Rahmen von Versteigerungen, den öffentlichen Glauben von Hypotheken- und Grundbüchern seit (ungefähr) dem 18. Jahrhundert und die Publizität des Handelsregisters bis hin zum öffentlichen Glauben des Erbscheins seit dem 19. Jahrhundert und zum öffentlichen Glauben diverser insbesondere im 20. Jahrhundert eingeführter weiterer Register nach dem sachlichen Grund des Vertrauensschutzes durch öffentlichen Glauben suchen. Auf grundsätzliche Kritik an der Begriffsgeschichte generell[33] und insbesondere an rechtswissenschaftlicher Begriffsgeschichte[34] ist hier nicht einzugehen, denn mag hier auch Begriffsgeschichte betrieben werden, so erschöpft sich die Untersuchung doch nicht darin, sondern versucht darüber hinaus, nach der jeweiligen Rechtfertigung des öffentlichen Glaubens zu fragen.

---

33 Vgl. etwa Gumbrecht, Dimensionen und Grenzen der Begriffsgeschichte, 2006, S. 7-36. Ausgewogen die Monographie von Müller/Schmieder, Begriffsgeschichte und historische Semantik, 2016, insbesondere S. 11 ff., 132 ff.

34 Vgl. Kaiser, Rechtsgeschichte 19 (2011), 142, die einen „Wiederbelebungsversuch" unternimmt.

# 4. De fide instrumentorum: Die Beweiskraft von Urkunden im mittelalterlichen Recht

De fide instrumentorum, also von der Beweiskraft oder Glaubwürdigkeit von Urkunden handeln zwar auch schon die so überschriebenen Titel in den Digesten (22, 4) und im Codex (4, 21), besonders intensiv befasst sich mit dem Urkundenbeweis aber das kanonische Recht. Im Liber Extra von 1234 findet sich erneut ein gleichnamiger Titel und in der im 13. Jahrhundert von Bernhard von Parma (Bernardus de Botone)[35] zusammengestellten und verfassten Glossa ordinaria zu X 2, 22, 2 heißt es schon: „... instrumenta publica ... fidem faciunt."[36] Öffentliche Urkunden sind demnach glaubwürdig und haben somit Beweiskraft. Von öffentlichem Glauben (fides publica) ist hier nicht wörtlich die Rede, aber die Beweiskraft ergibt sich gerade aus der Öffentlichkeit bestimmter Urkunden, die von bloßen Privaturkunden unterschieden werden.[37] Mit einer öffentlichen Urkunde kann voller Beweis erbracht werden, sie genießt schon alleine ohne weitere Beweismittel „plena fides", volle Glaubwürdigkeit.[38] Die Bezeichnung der Beweiswirkung als „plena fides" wurde und wird gerne Innozenz IV. in seinem um 1245 vollendeten Apparatus in quinque libros decretalium, „dem wohl wichtigsten Kommentar zu den Dekretalen Gregors IX." (dem Liber

---

35 Vgl. Zapp, Artikel „Bernardus de Botone", Lexikon des Mittelalters, Band I, 1980, Spalte 1976; Link, Kirchliche Rechtsgeschichte, 3. Auflage 2017, § 6, Rn. 10; v. Schulte, Die Geschichte der Quellen und Literatur des Canonischen Rechts, Zweiter Band, 1877, S. 114 ff.; Nörr in Coing (Hrsg.), Handbuch der Quellen und Literatur der neueren europäischen Privatrechtsgeschichte, Band I, 1973, S. 376 f.; Erdö in Ludger Müller (Hrsg.), Geschichte der Wissenschaft vom kanonischen Recht, 2006, S. 87 f.; Helmholz, Kanonisches Recht und europäische Rechtskultur, 2013, S. 18.

36 Amtliche Ausgabe des Corpus Juris Canonici, 1582, Band II: Decretales D. Gregorii Papae IX. ..., Spalte 767 unten, Casus. Vgl. Frischen in Bengel u. a. (Hrsg.), Festschrift Kanzleiter, 2010, S. 143, 146 f.

37 Vgl. zur „Urkundenlehre der Kanonisten" kurz Frischen in Bengel u. a. (Hrsg.), Festschrift Kanzleiter, 2010, S. 143, 147 ff.

38 Vgl. Nörr, Romanisch-kanonisches Prozessrecht, Erkenntnisverfahren erster Instanz in civilibus, 2012, S. 154 ff. = (im Wesentlichen identisch) Nörr in Lobinger/Richardi/Wilhelm (Hrsg.), Festschrift Picker, 2010, S. 1303 ff.; Frischen in Bengel u. a. (Hrsg.), Festschrift Kanzleiter, 2010, S. 143, 163 ff.; Schulte in Schulte/Mostert/van Renswoude (Hrsg.), Strategies of Writing, 2008, S. 15, 19 f.

Extra),[39] zugeschrieben,[40] findet sich aber jedenfalls schon im 13. Jahrhundert, beispielsweise bei Petrus de Unzola,[41] und später beispielsweise bei Lanfrancus de Oriano im 15. Jahrhundert.[42] Öffentliche Urkunden sind nun solche, die von öffentlichen Personen ausgestellt sind, insbesondere notarielle Urkunden,[43] aber auch die von zwei oder drei zum Zeitpunkt

39 Roberg, Artikel „Innozenz IV.“, Lexikon des Mittelalters, Band V, 1991, Spalte 437, 438. Vgl. Becker, Artikel „Innozenz IV.“, Handwörterbuch zur deutschen Rechtsgeschichte, 2. Auflage, Band II, 2012, Spalte 1230, 1231; Nörr in Coing (Hrsg.), Handbuch der Quellen und Literatur der neueren europäischen Privatrechtsgeschichte, Band I, 1973, S. 377 f.; Erdö in Ludger Müller (Hrsg.), Geschichte der Wissenschaft vom kanonischen Recht, 2006, S. 91; Helmholz, Kanonisches Recht und europäische Rechtskultur, 2013, S. 27.

40 So in heutiger Zeit von Trusen in Classen (Hrsg.), Recht und Schrift im Mittelalter, 1977, S. 197, 205, Fn. 24; nach ihm zitierend Haug, Annales Ianuenses, 2016, S. 108, Fn. 250. In der mir vorliegenden Ausgabe Innocentii Quarti Pont. Maximi Super Libros Quinque Decretalium, Frankfurt 1570, Nachdruck 1968, fol. 273 f., kann ich die Formulierung nicht finden.

41 Summa totius artis notariae, Venedig 1546, fol. 406 verso, rechte Spalte unten: „Publicis ... instrumentis datur plenissima fides ... “ Manipulierten Urkunden komme dagegen keine „fides plena“ zu. Vgl. dazu Schulte, Scripturae publicae creditur, Das Vertrauen in Notariatsurkunden im kommunalen Italien des 12. und 13. Jahrhunderts, 2003, S. 5, 6, Fn. 26, S. 25; zu Petrus de Unzola (†1312) auch Horn in Coing (Hrsg.), Handbuch der Quellen und Literatur der neueren europäischen Privatrechtsgeschichte, Band I, 1973, S. 269, 354; Savigny, Geschichte des Römischen Rechts im Mittelalter, Fünfter Band, 1850, S. 549.

42 Lanfrancus de Oriano, Practica iudiciaria, Lugdunum [Lyon] 1539, fol. 61 verso, De Instrumentorum productione, Nr. 8, unter Berufung auf Innozenz: „Instrumentum publicum ... dicitur scriptura que plenam facit fidem ...“ Zu Lanfrancus v. Schulte, Die Geschichte der Quellen und Literatur des Canonischen Rechts, Zweiter Band, 1877, S. 392; Nörr in Coing (Hrsg.), Handbuch der Quellen und Literatur der neueren europäischen Privatrechtsgeschichte, Band I, 1973, S. 396.

43 Genauer Duranti, Speculum Juris, II 2, De instrumentorum editione, § 7, Quot sunt species instrumentorum, Venedig 1558, fol. 243 (spätes 13. Jahrhundert, zum Speculum Juris/Judiciale vgl. Nörr in Coing [Hrsg.], Handbuch der Quellen und Literatur der neueren europäischen Privatrechtsgeschichte, Band I, 1973, S. 394; Erdö in Ludger Müller [Hrsg.], Geschichte der Wissenschaft vom kanonischen Recht, 2006, S. 96 f.; Helmholz, Kanonisches Recht und europäische Rechtskultur, 2013, S. 30 f.; Lepsius, Artikel „Durantis“, Handwörterbuch zur deutschen Rechtsgeschichte, 2. Auflage, Band I, 2008, Spalte 1167; Langgärtner, Artikel „Duranti[s] 1.“, Lexikon des Mittelalters, Band III, 1986, Spalte 1470); Nörr, Romanisch-kanonisches Prozessrecht, Erkenntnisverfahren erster Instanz in civilibus, 2012, S. 154 f. = (im Wesentlichen identisch) Nörr in Lobinger/Richardi/Wilhelm (Hrsg.), Festschrift Picker, 2010, S. 1303, 1304; Trusen in Classen (Hrsg.), Recht und Schrift im Mittelalter, 1977, S. 197, 204 f.

der Beweisführung noch lebenden Zeugen unterschriebene Urkunde eines privaten Ausstellers.[44] Trusen hat davor gewarnt, in den öffentlichen Urkunden des Mittelalters diejenigen zu sehen, „die von Trägern hoheitlicher Gewalt ausgestellt sind“; darin liege eine anachronistische Übertragung moderner Vorstellungen von öffentlichem Recht oder Staat auf mittelalterliche Begriffe.[45] Unter anderem angesichts der Öffentlichkeit von Zeugen unterschriebener Urkunden privater Aussteller erscheint das auf den ersten Blick einleuchtend. Wenn aber etwa Hostiensis[46] in seiner Summa aurea schon um 1252/53 die Öffentlichkeit notarieller Urkunden mit der Einsetzung des Notars durch Papst oder Kaiser (und andere Autoritäten) er-

44 Zu diesem Sonderfall X 2, 22, 2; Nörr, Romanisch-kanonisches Prozessrecht, Erkenntnisverfahren erster Instanz in civilibus, 2012, S. 155, Fn. 341 = (im Wesentlichen identisch) Nörr in Lobinger/Richardi/Wilhelm (Hrsg.), Festschrift Picker, 2010, S. 1303, 1304, Fn. 6; ausführlich Frischen in Bengel u. a. (Hrsg.), Festschrift Kanzleiter, 2010, S. 143 ff., insbesondere 144 ff., 169.

45 Trusen in Classen (Hrsg.), Recht und Schrift im Mittelalter, 1977, S. 197, 203 f.; ders. in Kleinheyer/Mikat (Hrsg.), Beiträge zur Rechtsgeschichte, Gedächtnisschrift für Conrad, 1979, S. 545, 557 f. Weniger pointiert ders., DNotZ 1986, Sonderheft 25 Jahre Bundesnotarkammer, 13*, 18*: Die Unterscheidung zwischen öffentlichen und privaten Urkunden „richtet sich nicht allein nach den Ausstellern, sondern vor allem nach der Beweiskraft.“ Noch schärfer als ursprünglich Trusen jetzt Schulte in Schulte/Mostert/van Renswoude (Hrsg.), Strategies of Writing, 2008, S. 1, 1 f., und 15, insbesondere 15 f. („Die … aufgezählten Urkundenarten haben im Mittelalter zu keinem Zeitpunkt fides publica besessen.“), 34 f.: „In der zweiten Hälfte des 19. Jahrhunderts fand eine Entwicklung ihren Abschluss, die unseren Blick auf das mittelalterliche Urkundenwesen bis heute prägt. Wir arbeiten mit einem Konstrukt, das auf das zeitgenössische öffentliche Notariat und seine Urkunde angewandt und auf die italienischen Anfänge im 12./13. Jahrhundert projiziert wurde. … Ein Verweis auf die fides publica enthält stets den Fingerzeig auf den Staat als ihren Garanten. … Zweifellos dürfen die neuzeitlichen Formen der Staatlichkeit nicht auf andere Epochen übertragen werden. Der Begriff der fides publica hat in der historischen Forschung jedoch genau dazu geführt …“ Ferner die Andeutung von Endemann, AcP 43 (1860), 1, 11: „Während sich bei genauerer Prüfung ergibt, daß die mittelalterlichen Juristen von einer ganz anderen Grundlage ausgingen, beruht die Kraft der öffentlichen Urkunde heutzutage auf der Herleitung von der öffentlichen Gewalt.“ Die genauere Prüfung nimmt Endemann leider nicht vor.

46 Vgl. Becker, Artikel „Hostiensis“, Handwörterbuch zur deutschen Rechtsgeschichte, 2. Auflage, Band II, 2012, Spalte 1137; Brieskorn, Artikel „Henricus de Segusio“, Lexikon des Mittelalters, Band V, 1991, Spalte 2138; Erdö in Ludger Müller (Hrsg.), Geschichte der Wissenschaft vom kanonischen Recht, 2006, S. 93 f.; Helmholz, Kanonisches Recht und europäische Rechtskultur, 2013, S. 29.

klärt,[47] dann muss die These Trusens doch sehr fragwürdig erscheinen. Zur öffentlichen Urkunde wird eben nicht jede „nicht im Geheimen, sondern in der Öffentlichkeit" ausgestellte Urkunde.[48] Will man die öffentliche Urkunde nicht allein über die ihr zukommende volle Beweiskraft definieren,[49] dürfte also der Rückgriff auf „publicum" bzw. „öffentlich" im Sinne von in spezifischer Weise auf das Gemeinwesen bezogen auch zum besseren Verständnis des mittelalterlichen Begriffs der öffentlichen Urkunde beitragen. Wann sich im Kontext des Urkundenbeweises erstmals wört-

---

47 Summa Domini Henrici Cardinalis Hostiensis, Lyon 1537, Neudruck 1962, fol. 103 recto, De fide instrumentorum, Nr. 2; vgl. Frischen in Bengel u. a. (Hrsg.), Festschrift Kanzleiter, 2010, S. 143, 152, bei Fn. 33 f.

48 Vgl. aber Trusen in Classen (Hrsg.), Recht und Schrift im Mittelalter, 1977, S. 197, 204; ders. in Kleinheyer/Mikat (Hrsg.), Beiträge zur Rechtsgeschichte, Gedächtnisschrift für Conrad, 1979, S. 545, 557 f., nun aber mit dem aufschlussreichen Zusatz: „wobei die Person des Ausstellers sicher nicht ohne Bedeutung ist."

49 Vgl. Trusen in Classen (Hrsg.), Recht und Schrift im Mittelalter, 1977, S. 197, 205; ders. in Kleinheyer/Mikat (Hrsg.), Beiträge zur Rechtsgeschichte, Gedächtnisschrift für Conrad, 1979, S. 545, 558; ders., DNotZ 1986, Sonderheft 25 Jahre Bundesnotarkammer, 13*, 18*. Ferner Schmoeckel in Schmoeckel/Schubert (Hrsg.), Handbuch zur Geschichte des deutschen Notariats seit der Reichsnotariatsordnung von 1512, 2012, S. 29, 56: „In Übereinstimmung mit dem Ius Commune gilt die Form als entscheidend für die Glaubwürdigkeit einer Urkunde. Sie ist dann öffentlich, wenn sie ‚öffentlichen Glauben' genießen kann."

50 Vgl. mit zu starker Betonung des terminologischen Aspekts Schulte in Schulte/Mostert/van Renswoude (Hrsg.), Strategies of Writing, 2008, S. 15, 19 (mit Fn. 17), 24 (es werde verkannt, „dass die Beweiskraft der Urkunde durch ihre Charakterisierung als ‚glaubwürdig' und ‚öffentlich' hinreichend ausgedrückt war. Die Annahme, dass bereits der mittelalterlichen Jurisprudenz das Konzept des öffentlichen Glaubens bekannt gewesen sei, verstellt den Blick auf das Naheliegende."). Schulte weist allerdings auch selbst darauf hin, dass vereinzelt wohl schon im 12. Jahrhundert von publica fides von Urkunden die Rede war (S. 19, Fn. 17), vgl. Fitting (Hrsg.), Summa Codicis des Irnerius, 1894, S. 93: „Item instrumenta quoque speties probationum sunt. Quorum auctoritas maxima est propter fidem publicam ..." Zur Datierung und Herkunft der als Summa Trecensis bekannten Schrift nach heutigem Forschungsstand zusammenfassend Lange, Römisches Recht im Mittelalter, Band I, 1997, S. 402 ff. Dass Zedler, Grosses vollständiges Universal Lexicon, Band XXIX, 1741, Artikel „Publica Fides", Spalte 1130 nur auf „Geleite", Band X, 1735, Spalte 730, verweist und in Band IX, 1735, Artikel „Fides publica", Spalte 837, diese als „sichres Geleithe" definiert, sollte man anders als Schulte in Schulte/Mostert/van Renswoude (Hrsg.), Strategies of Writing, 2008, S. 15, 16, mit Fn. 3, nicht überbewerten. Diese Erklärung war freilich immerhin auch in anderen Lexika gängig, vgl. nur Johannes Calvin (Kahl), Lexicon iuridicum, Genf 1612, Artikel „Fides publica", Spalte 1103, Artikel „Publica fide venire", Spalte 2267; vgl. dazu Bambi in Piergiovanni (Hrsg.), Hinc publica fides, Mailand 2006, S. 21, 23; zu Kahl ausführlich Freedman in Frank/

lich die Fügung „fides publica“ bzw. „publica fides“ findet, spielt insoweit keine Rolle.[50]

---

Selderhuis (Hrsg.), Philosophie der Reformierten, 2012, S. 241 ff. Zum vereinzelten Vorkommen der „publica fides“ im spätantiken römischen Urkundenwesen nur C 7, 52, 6; Wacke, DNotZ 1988, 732, 743; zur erhöhten Beweiskraft bestimmter Urkunden (instrumenta publica etc.) Kaser, Das römische Privatrecht, Zweiter Abschnitt, 2. Auflage 1975, S. 80 ff.; Schulte, Scripturae publicae creditur, Das Vertrauen in Notariatsurkunden im kommunalen Italien des 12. und 13. Jahrhunderts, 2003, S. 8 f.

## 5. Die Bedeutung von „öffentlich“ und „publicus“ in der Neuzeit

In der Neuzeit nahmen die Adjektive publicus und öffentlich immer mehr die Bedeutung von hoheitlich und staatlich an,[51] was sich beispielsweise an

---

51 Vgl. Hölscher, Artikel „Öffentlichkeit“, Geschichtliche Grundbegriffe, Band IV, 1978, S. 413 ff.; ders., Artikel „Öffentlichkeit“, Historisches Wörterbuch der Philosophie, Band VI, 1984, Spalte 1134, 1136; ders., Öffentlichkeit und Geheimnis, 1979, S. 36 ff., 56 ff., zu publicus im antiken Rom S. 41 ff.; Martens, Öffentlich als Rechtsbegriff, 1969, S. 30 ff., 81, zu publicus im antiken Rom schon S. 26 ff.; Habermas, Strukturwandel der Öffentlichkeit, 13. Auflage (als suhrkamp taschenbuch wissenschaft) 2013, S. 66. Die Belege zu „öffentlich“ im Deutschen Rechtswörterbuch, Band X, 2001, Spalte 269 ff., bestätigen das freilich kaum, denn auch nach 1500 (Spalte 271 ff.) überwiegt die Bedeutung „in der Öffentlichkeit geschehend ... (im Gegensatz zu heimlich)“, während diejenige von „im Interesse der Allgemeinheit“ jedenfalls vor dem 18. Jahrhundert (Spalte 272) seltener bleibt. Auch bei Grimm, Deutsches Wörterbuch, Band VII, 1889, bearbeitet von Lexer, Artikel „Öffentlich“, Spalte 1180, erscheint der Aspekt „... den Staat betreffend“ erst unter 6. (Spalte 1181). Bei Zedler, Artikel „Oeffentlich“, Grosses vollständiges Universal Lexicon, Band XXV, 1740, Spalte 550, heißt es dagegen unter Darstellung des umfangreichen Bedeutungsgehalts, öffentlich meine nicht zuletzt „krafft Obrigkeitlicher Macht und Gewalt“, „auf Fürstlichen Befehl“ (Spalte 551). Aufschlussreich zudem u. a. die Artikel „Oeffentlicher Nutzen“, Spalte 561, „Oeffentliches Amt“, Spalte 653. Martens, Öffentlich als Rechtsbegriff, 1969, S. 32, fasst zusammen: „Aber erst seit dem Beginn des 18. Jahrhunderts mehren sich die Zeugnisse, die es rechtfertigen, eine echte Sprachwandlung anzunehmen.“ Instruktiv auch der Überblick zu den unterschiedlichen Deutungsmöglichkeiten des Worts „öffentlich“ im ALR S. 33 ff. Hölscher, Artikel „Öffentlichkeit“, Historisches Wörterbuch der Philosophie, Band VI, 1984, Spalte 1134, 1136, erklärt, öffentlich und publicus seien im Sinne von staatlich „seit Ende des 17. Jh. ... synonym“; vgl. ähnlich Siehr, Das Recht am öffentlichen Raum, 2016, S. 112 f.; Hohendahl in Hohendahl (Hrsg.), Öffentlichkeit, Geschichte eines kritischen Begriffs, 2000, S. 5. Rinken, Artikel „Öffentlichkeit“, Görres-Gesellschaft (Hrsg.), Staatslexikon, 7. Auflage, Band IV, 1988, Spalte 138, 139, konstatiert: „Im Laufe des 18. Jh. verdrängt ‚öff.‘ ... ‚gemein‘ bei der Eindeutschung des lat. publicus, und dies in einer Epoche, in der publicus die Bedeutung von ‚staatlich‘ annimmt ...“ Schiewe, Öffentlichkeit, Entstehung und Wandel in Deutschland, 2004, S. 30 ff., 60, datiert den Wandel von „öffentlich“ im Sinne von frei zugänglich hin zu „öffentlich“ im Sinne von obrigkeitlich/staatlich ins 17. Jahrhundert.
Auf die Bedeutungen von „publicus“ und „privatus“ sowie das Verhältnis von Privatheit und Öffentlichkeit in Antike (v. Moos, „Öffentlich“ und „privat“ im Mittelalter, 2004, S. 10 ff.; zum kaiserzeitlichen Rom Winterling, in Schmitt/

der zunehmend an Gewicht gewinnenden Unterscheidung des ius publicum (Staatsrecht und später allgemeiner öffentliches Recht) vom Privatrecht im weitesten Sinne zeigen lässt.[52] Ein (seit Grotius nachweisbarer) Rückgriff[53] auf antike römische Ideen von der fides publica als dem vom Staat in Anspruch genommenen Vertrauen bzw. der von Amtsträgern zu wahrenden Treue gegenüber dem Gemeinwesen[54] wurde dadurch wohl er-

---

Schmitz/Winterling [Hrsg.], Gegenwärtige Antike – antike Gegenwarten, 2005, S. 223; Gerhardt, Öffentlichkeit, 2012, S. 48 ff.) und Mittelalter (v. Moos in Melville/v. Moos [Hrsg.], Das Öffentliche und Private in der Vormoderne, 1998, S. 3; v. Moos, „Öffentlich" und „privat" im Mittelalter, 2004, S. 17 ff.) soll hier (abgesehen von den obigen speziellen Ausführungen zu öffentlichen Urkunden) nicht eingegangen werden.

52 Vgl. Stolleis, Artikel „Öffentliches Recht I", Handwörterbuch zur deutschen Rechtsgeschichte, 2. Auflage, 25. Lieferung 2017, Spalte 90 ff.; Simon, Artikel „Öffentliches Recht", Enzyklopädie der Neuzeit, Band IX, 2009, Spalte 338 ff.; Stolleis, Öffentliches Recht in Deutschland, 2014, S. 21 ff.; Martens, Öffentlich als Rechtsbegriff, 1969, S. 86 ff.; Hölscher, Öffentlichkeit und Geheimnis, 1979, S. 44 ff. (mit dem Hinweis, erst ab dem 17. Jahrhundert habe ius publicum das Staatsrecht bezeichnet, S. 48), 62 ff.; Wyduckel, Ius Publicum, Grundlagen und Entwicklung des Öffentlichen Rechts und der deutschen Staatsrechtswissenschaft, 1984, S. 134 ff.; Gerhardt, Öffentlichkeit, 2012, S. 105, 163. Zur Unterscheidung in der römischen Antike Kaser, ZRG RA 103 (1986), 1; Müllejans, Publicus und privatus im römischen Recht und im älteren kanonischen Recht unter besonderer Berücksichtigung der Unterscheidung Ius publicum und Ius privatum, 1961; Wyduckel, S. 47 ff.; Winterling in Schmitt/Schmitz/Winterling (Hrsg.), Gegenwärtige Antike – antike Gegenwarten, 2005, S. 223, 229 f.; Gagnér in v. Caemmerer/Zweigert (Hrsg.), Deutsche Landesreferate zum VII. Internationalen Kongreß für Rechtsvergleichung in Uppsala 1966, 1967, S. 23, 40 ff.; zum mittelalterlichen kanonischen Recht Landau in Melville/v. Moos (Hrsg.), Das Öffentliche und Private in der Vormoderne, 1998, S. 629.

53 Vgl. de Wilde, TRG 79 (2011), 455, 466 ff. (zu Grotius), 475 ff. (zu Locke); so auch Estor, Deutsche Rechtsgelahrheit, Dritter Teil, 1767, S. 1192: „Ein richter selbst muß öffentlichen Glauben halten …"

54 Vgl. de Wilde, TRG 79 (2011), 455, 458 ff.; Pressler und Schiemann, Artikel „Fides I. Religion" und „Fides II. Recht", Der Neue Pauly, Band IV, 1998, Spalte 506 und 507; Becker, Artikel „Fides", Reallexikon für Antike und Christentum, Band VII, 1969, Spalte 801; D. Nörr, Die Fides im römischen Völkerrecht, 1991. Auf den vielfältigen Begriff der fides in anderen Zusammenhängen kann hier nicht eingegangen werden; vgl. etwa jüngst Das Mittelalter 20 (2015), Heft 2, Fides/Triuwe, hrsg. von Lepsius/Reichlin zu Aspekten der mittelalterlichen Verwendung. Die mannigfache Bedeutung der bona fides für das römische und gemeine Recht sei immerhin erwähnt.

leichtert. Öffentlich und publicus (sowie später „transparent")[55] behalten aber auch den im Deutschen älteren Sinn von offen oder frei allen zugänglich, sind also weiterhin Antonyme zu geheim, nur für einzelne zugänglich.[56] Seit dem 18. Jahrhundert werden die erst jetzt in der deutschen

55 Damler, Rechtsästhetik, 2016, S. 308 f., 337, weist (unter Berücksichtigung architektonischer Erscheinungen) darauf hin, dass in jüngerer Zeit „öffentlich" und „Öffentlichkeit" häufig durch „transparent" und „Transparenz" ersetzt werden. Eine solche Verdrängung der Öffentlichkeit durch die Transparenz mag langfristig zu einer zunehmenden Reduzierung der Öffentlichkeit auf Hoheitlichkeit beitragen (oder schon beigetragen haben). Völlige Transparenz ist aus verschiedenen Gründen nicht wünschenswert, vgl. Jestaedt, Das Geheimnis im Staat der Öffentlichkeit, AöR 126 (2001), 204. Calliess/Ruffert/Wegener, 5. Auflage 2016, Art. 15 AEUV, Rn. 1, bezeichnet den „Grundsatz der Offenheit" (so der Wortlaut des Abs. 1) als „Transparenzprinzip", was naheliegt, da Abs. 3 Unterabsatz 3 ebenfalls von „Transparenz" spricht. Das in §§ 18 ff. Geldwäschegesetz geregelte Transparenzregister soll nach den neuen Vorgaben der RL (EU) 2018/843 vom 30.5.2018 nicht mehr nur demjenigen, der ein berechtigtes Interesse an der Einsichtnahme darlegt, sondern „allen Mitgliedern der Öffentlichkeit" offenstehen, vgl. § 23 I Nr. 3 GwG n. F. (und Begründung dazu BT-Ds 19/13827, S. 90). Dass immer mehr Register (vgl. Wudarski in Wudarski [Hrsg.], Das Grundbuch im Europa des 21. Jahrhunderts, 2016, S. 23, 78: „Die stetig steigende Registrierungstendenz betrifft alle Rechtsgebiete und ist weltweit verbreitet.") wirklich zu mehr „Transparenz" beitragen, darf im Übrigen bezweifelt werden: So wie der durch immer mehr hypertrophe Informationspflichten angeblich geschützte Verbraucher dank ihm zur Verfügung gestellter Informationen nicht unbedingt besser informiert ist, kann auch eine in Registern gesammelte und veröffentlichte Informationsflut zu einem undurchdringlichen und somit intransparenten Informationsüberangebot führen. Informationen und Allgemeine Geschäftsbedingungen sollen deshalb nicht nur zugänglich sein (§ 305 II BGB), sondern auch „klar und verständlich" (z. B. §§ 307 I 2, 312 i I 1 Nr. 2, 312 j II, 482 I 2 BGB, Art. 246 I, 246 a § 4 I, 246 b § 1 I, 247 § 6 I 1 und § 7 I 1 EGBGB). Man spricht diesbezüglich allgemein vom „Transparenzgebot". Schon Wellspacher, Das Vertrauen auf äußere Tatbestände im bürgerlichen Rechte, 1906, S. 56 f., warnte: „die Anforderungen, welche das Verständnis des Registers in technischer und juristischer Beziehung an den Laien stellt, ... (machen) das öffentliche Register ungeeignet ..., im bürgerlichen Rechtsleben eine Rolle zu spielen. ... die Zahl der öffentlichen Register (steht) im umgekehrten Verhältnisse zu ihrem praktischen Werte ..."

56 Vgl. Martens, Öffentlich als Rechtsbegriff, 1969, S. 22 ff., insbesondere 24 f., 42 ff.; v. Moos, „Öffentlich" und „privat" im Mittelalter, 2004, S. 42 ff.; Winterling in Schmitt/Schmitz/Winterling (Hrsg.), Gegenwärtige Antike – antike Gegenwarten, 2005, S. 223, 227; v. Moos, Saeculum 49 (1998), 161, 167 f.; Smend in Bachof u. a. (Hrsg.), Forschungen und Berichte aus dem Öffentlichen Recht, Gedächtnisschrift für Walter Jellinek, 1955, S. 11, 12; Kockot/Wuggenig in Raunig/Wuggenig (Hrsg.), Publicum, Theorien der Öffentlichkeit, 2005, S. 7, 8; Rinken, Artikel

Sprache aufkommenden Substantive Publizität und Öffentlichkeit[57] wie das Adjektiv öffentlich in unterschiedlichen Zusammenhängen mit stärkerer Betonung auf dem einen oder dem anderen Aspekt verwendet (man denke nur an die Forderungen nach öffentlichen Gerichtsverfahren[58] und

---

„Öffentlichkeit", Görres-Gesellschaft (Hrsg.), Staatslexikon, 7. Auflage, Band IV, 1988, Spalte 138, 139: Öffentlichkeit „knüpft ... an die ursprüngliche Bedeutung von ‚öff.' an und bezeichnet die Tatsache des Offenseins, der Allgemeinzugänglichkeit, den Zustand formeller Publizität." Willoweit in Schlosser/Willoweit (Hrsg.), Neue Wege strafrechtsgeschichtlicher Forschung, 1999, S. 335, 338, hält es für sinnvoll, „öffentliches Handeln und Wahrnehmen im Mittelalter ... von dem zu unterscheiden, was ‚heimlich' getan wird".
Der Geschichte des Begriffs „privat" kann hier, ungeachtet des Titels der vorliegenden Arbeit, nicht nachgegangen werden (vgl. dazu etwa Geuss, Privatheit, Eine Genealogie, 2002, der „die These [vertritt], dass es nicht *eine* einzige klare Unterscheidung zwischen öffentlich und privat gibt, sondern vielmehr eine Reihe überlappender Gegensätze, und dass der Unterscheidung zwischen dem Öffentlichen und dem Privaten daher nicht die Bedeutung beigemessen werden sollte, die ihr oft zugeschrieben wird" [S. 17], insbesondere um zu vermeiden, dass durch Vorurteile über Vor- und Nachteile des Privaten oder Öffentlichen Diskussionen ohne hinreichende Berücksichtigung von Sachargumenten verkürzt werden [S. 134 f.]); vielmehr halte ich es ähnlich (nur gewissermaßen umgekehrt) wie Rössler, Der Wert des Privaten, 2001, S. 11: „... wenn ich ... vom Privaten rede, dann rede ich zugleich über die Öffentlichkeit: ich werde die andere Seite dieser ‚großen Dichotomie' als nicht genauer strukturierte ‚residuale Kategorie' behandeln ..." Vgl. S. 17: „alles, was nicht privat ist, ist öffentlich, aber nicht alles, was nicht-öffentlich ist, ist privat ... Hier spielen natürlich unterschiedliche Bedeutungsaspekte von ‚öffentlich' im Sinne von ‚alle betreffend' und ‚allen zugänglich' mit hinein." Vgl. auch v. Moos, „Öffentlich" und „privat" im Mittelalter, 2004, S. 97: „Der Begriff des Privaten bestimmt sich von selbst spiegelbildlich als das ‚Negativ von Öffentlichkeit' ."

57 Vgl. Hölscher, Artikel „Öffentlichkeit", Geschichtliche Grundbegriffe, Band IV, 1978, S. 413, 446 ff.; ders., Artikel „Öffentlichkeit", Historisches Wörterbuch der Philosophie, Band VI, 1984, Spalte 1134 ff.; ders., Öffentlichkeit und Geheimnis, 1979, S. 118 ff.; Requate, Artikel „Publizität", Enzyklopädie der Neuzeit, Band X, 2009, Spalte 552; Martens, Öffentlich als Rechtsbegriff, 1969, S. 44 f.; Smend in Bachof u. a. (Hrsg.), Forschungen und Berichte aus dem Öffentlichen Recht, Gedächtnisschrift für Walter Jellinek, 1955, S. 11 ff.; Grimm, Deutsches Wörterbuch, Band VII, 1889, bearbeitet von Lexer, Artikel „Öffentlichkeit", Spalte 1183; Rinken, Artikel „Öffentlichkeit", Görres-Gesellschaft (Hrsg.), Staatslexikon, 7. Auflage, Band IV, 1988, Spalte 138 f.; Habermas, Strukturwandel der Öffentlichkeit, 13. Auflage (als suhrkamp taschenbuch wissenschaft) 2013, S. 55 f., 84 f.; Schiewe, Öffentlichkeit, Entstehung und Wandel in Deutschland, 2004, S. 28 f., 44 ff.

58 § 178 Paulskirchenverfassung: „Das Gerichtsverfahren soll öffentlich und mündlich sein." § 169 GVG. Martens, Öffentlich als Rechtsbegriff, 1969, S. 74 f.; Habermas, Strukturwandel der Öffentlichkeit, 13. Auflage (als suhrkamp taschenbuch

Parlamentssitzungen[59], bei denen es um freien Zugang zu den Verhandlungen geht, an die öffentliche Meinung,[60] die der politischen Meinungsbildung dient, aber auch allen offenstehen soll, als Diskursteilnehmer wie Konsumenten, so dass der Öffentlichkeitsbegriff hier beide Aspekte umfasst, und die öffentliche Gewalt, bei der heute niemand mehr an offen be-

---

wissenschaft) 2013, S. 154 f.; Hölscher, Öffentlichkeit und Geheimnis, 1979, S. 162 ff. Monographisch Alber, Die Geschichte der Öffentlichkeit im deutschen Strafverfahren, 1974; Fögen, Der Kampf um Gerichtsöffentlichkeit, 1974 (zum Zivilprozess, vgl. S. 13). Zu neuen technischen Fragen Paschke, Digitale Gerichtsöffentlichkeit, 2018 (mit einem Überblick zur „Öffentlichkeit als Rechtsbegriff" S. 38 ff.).

59 Vgl. etwa § 78 der badischen Verfassung von 1818: „Die Sitzungen beyder Kammern sind öffentlich. Sie werden geheim auf das Begehren der Regierungscommissarien bey Eröffnungen, für welche sie die Geheimhaltung nöthig erachten, und auf das Begehren von drey Mitgliedern, denen nach dem Abtritt der Zuhörer aber wenigstens ein Viertel der Mitglieder über die Nothwendigkeit der geheimen Berathung beitreten muß." § 167 der württembergischen Verfassung von 1819: „Die Sitzungen der zweiten Kammer sind öffentlich; auch hat sie ihre Verhandlungen durch den Druck bekannt zu machen. Von der ersten Kammer muß wenigstens das letztere geschehen." Restriktiv Art. LIX der Wiener Schlussakte von 1820: „Wo die Öffentlichkeit landständischer Verhandlungen durch die Verfassung gestattet ist, muß durch die Geschäftsordnung dafür gesorgt werden, daß die gesetzlichen Gränzen der freien Äußerung, weder bei den Verhandlungen selbst, noch bei deren Bekanntmachung durch den Druck, auf eine die Ruhe des einzelnen Bundesstaats oder des gesammten Deutschlands gefährdende Weise überschnitten werden." § 111 Paulskirchenverfassung; Art. 42 GG. Vgl. Hubrich, Annalen des Deutschen Reiches 1897, 1, 30 ff.; Martens, Öffentlich als Rechtsbegriff, 1969, S. 68 ff.; Weiß, Theorie der Parlamentsöffentlichkeit, 2011; Habermas, Strukturwandel der Öffentlichkeit, 13. Auflage (als suhrkamp taschenbuch wissenschaft) 2013, S. 126 ff. (zu England vom 17. bis 19. Jahrhundert), 154; Hölscher, Öffentlichkeit und Geheimnis, 1979, S. 164 ff.; zumindest missverständlich Link, DÖV 1973, 513, 514: „In Deutschland wurde die liberale Forderung nach der Öffentlichkeit parlamentarischer Verhandlungen erstmalig in der Wiener Schlußakte … in Art. 59 … kodifiziert …"

60 Vgl. Hölscher, Artikel „Öffentlichkeit", Geschichtliche Grundbegriffe, Band IV, 1978, S. 413, 448 ff.; ders., Artikel „Öffentlichkeit", Historisches Wörterbuch der Philosophie, Band VI, 1984, Spalte 1134, 1136 ff.; ders., Öffentlichkeit und Geheimnis, 1979, S. 97 ff., 105 ff.; Martens, Öffentlich als Rechtsbegriff, 1969, S. 52 f., 62 ff.; Hohendahl in Hohendahl (Hrsg.), Öffentlichkeit, Geschichte eines kritischen Begriffs, 2000, S. 17 ff. (und passim); Schiewe, Öffentlichkeit, Entstehung und Wandel in Deutschland, 2004, S. 47 ff., 53 ff., 60 f.; v. Moos, Saeculum 49 (1998), 161, 171 ff. Monographisch Habermas, Strukturwandel der Öffentlichkeit, 13. Auflage (als suhrkamp taschenbuch wissenschaft) 2013.

gangene Gewalttaten,[61] sondern jeder an hoheitliche Staatstätigkeit denkt,[62] sowie den öffentlichen Dienst,[63] in dem Beschäftigte der öffentlichen Hand stehen, oder die öffentliche Sicherheit und Ordnung,[64] die durch Maßnahmen der öffentlichen Gewalt zur Gefahrenabwehr geschützt wird). Angesichts dieser „Mannigfaltigkeit konkurrierender Bedeutungen" mag man leicht maliziös resümieren, dass „auch die Wissenschaften, vor allem Jurisprudenz, Politik und Soziologie, ... außerstande (sind), traditionelle Kategorien wie ‚öffentlich', ... ‚Öffentlichkeit', ... durch präzisere Bestimmungen zu ersetzen."[65] Der öffentliche Glaube von Urkunden und Registern kann nun jedenfalls auf zwei Wegen begründet werden, sei es

---

61 Vgl. noch Josephi Des Ersten ... Neue Peinliche Hals-Gerichts-Ordnung Vor das Königreich Böheim ..., 1711, Art. 19, § 7, S. 76: „Der offentliche Gewalt ist eine wiederrechtliche mit gewaffneter Hand vorgenommene That ..." (auch als Beleg abgedruckt im Deutschen Rechtswörterbuch, Band X, 2001, Spalte 272). Zur durchaus auch zu beachtenden hoheitlichen Komponente der „öffentlichen Gewalt" bzw. „Vis Publica" vgl. Zedler, Artikel „Oeffentliche Gewalt", Grosses vollständiges Universal Lexicon, Band XXV, 1740, Spalte 555 ff., außerdem Artikel „Oeffentlicher Mord", Spalte 561, wo das Element des Überfalls auf offener Straße („auf öffentlicher Strasse") in den Vordergrund rückt. Zum Wandel der Bedeutung „öffentlicher" Verbrechen Hölscher, Öffentlichkeit und Geheimnis, 1979, S. 76. Gerhardt, Öffentlichkeit, 2012, S. 106: „Öffentliche Sicherheit und öffentliches Wohl sind das, was durch ‚öffentliche Verbrechen' gefährdet ist und was durch ‚öffentliche Gerichte' geschützt werden soll ..."

62 Vgl. Art. 114, 131 Weimarer Reichsverfassung, Art. 19 IV GG; Martens, Öffentlich als Rechtsbegriff, 1969, S. 82 ff.

63 Martens, Öffentlich als Rechtsbegriff, 1969, S. 101 ff.

64 Vgl. ALR II 17 § 10: „Die nöthigen Anstalten zur Erhaltung der öffentlichen Ruhe, Sicherheit und Ordnung, und zur Abwendung der dem Publico, oder einzelnen Mitgliedern desselben, bevorstehenden Gefahr zu treffen, ist das Amt der Polizey." Zum sich im 19. Jahrhundert verengenden Polizeibegriff und der Bedeutung der öffentlichen Sicherheit und Ordnung für ihn von der Groeben in Jeserich/Pohl/v. Unruh (Hrsg.), Deutsche Verwaltungsgeschichte, Band III, 1984, S. 435 ff.; Knemeyer, Artikel „Polizei", Geschichtliche Grundbegriffe, Band IV, 1978, S. 875, 889 ff.; Drews/Wacke/Vogel/Martens, Gefahrenabwehr, 9. Auflage 1986, S. 4 ff., 232 f., 245 ff.; Merten, Artikel „Polizei", Görres-Gesellschaft (Hrsg.), Staatslexikon, 7. Auflage, Band IV, 1988, Spalte 500, 501; Knemeyer, Polizei- und Ordnungsrecht, Lehr- und Arbeitsbuch, 11. Auflage 2007, Rn. 6 ff.; Stolleis in Lisken/Denninger, Handbuch des Polizeirechts, 6. Auflage 2018, A, Rn. 20 ff., 49 ff. (leider mit sinnentstellendem Druckfehler: „§ 10 Abs. 2 S. 17 ALR").

65 Habermas, Strukturwandel der Öffentlichkeit, 13. Auflage (als suhrkamp taschenbuch wissenschaft) 2013, S. 54. Vgl. auch Siehr, Das Recht am öffentlichen Raum, 2016, S. 123: es sei „kaum möglich ..., einen Begriff des ‚Öffentlichen' aus den Gesetzen herauszudestillieren ..."

unter stärkerer oder ausschließlicher Betonung der freien Zugänglichkeit, sei es unter Akzentuierung der hoheitlichen Urheber.

## 6. De fide instrumentorum: Die Beweiskraft von Urkunden in der Neuzeit

Jedenfalls für die Neuzeit wird man der heute einhellig getroffenen Feststellung, dass notarielle Urkunden öffentlichen Glauben genossen,[66] also als Beweismittel so stark wirkten, dass die Wahrheit des Beurkundeten vom Bestreitenden widerlegt werden musste, nicht widersprechen dürfen. Die „Glaubwürdigkeit (fides publica)“ der Urkunden „beruhte ... auf dem Vertrauen, das die kaiserliche oder päpstliche Obrigkeit in den amtlich urkundenden Notar setzte, als sie ihm mit der Autorisation zum Notarsamt die Vollmacht erteilte, Urkunden mit fides publica zu errichten.“[67] In der Präambel der Reichsnotariatsordnung von 1512 heißt es dementsprechend, „das Amt der offnen [im Sinne von öffentlichen] Notarien“ sei es, „durch glaubwürdige offene Urkunden“ gewisse Vorgänge und Erklärungen zu dokumentieren,[68] und in § 15 wird erklärt, der Notar habe „sein

66 Schuler, Geschichte des südwestdeutschen Notariats, 1976, S. 131, 206 ff.; Conrad, DNotZ 1960, 3, 11, 31 f.; Pahlow, Artikel „Notar“, Enzyklopädie der Neuzeit, Band IX, 2009, Spalte 242, 242 f.; Schuler, Artikel „Notar, Notariat, A. Deutsches Reich, II. Öffentliches Notariat“, Lexikon des Mittelalters, Band VI, 1993, Spalte 1272; Neschwara, Artikel „Notar, Notariat“, Handwörterbuch zur deutschen Rechtsgeschichte, 2. Auflage, Band III, 2016, Spalte 1968. In älterer Literatur wird häufig wenig überzeugend angenommen, im weltlichen Bereich hätten notarielle Urkunden erst aufgrund der Reichsnotariatsordnung von 1512 öffentlichen Glauben genossen (Bresslau, Handbuch der Urkundenlehre für Deutschland und Italien, Erster Band, 1889, S. 550 f.; Schröder/v. Künßberg, Lehrbuch der deutschen Rechtsgeschichte, 7. Auflage 1932, S. 766; v. Schwerin/Thieme, Grundzüge der deutschen Rechtgeschichte, 4. Auflage 1950, S. 154); deren Bestimmungen deuten aber auf eine solche Neuerung nicht hin, vgl. Schuler, Geschichte des südwestdeutschen Notariats, 1976, S. 208 f.; Conrad, Deutsche Rechtsgeschichte, Band I, 2. Auflage 1962, S. 371, Band II, 1. Auflage 1966, S. 170.

67 Schuler, Geschichte des südwestdeutschen Notariats, 1976, S. 209; vgl. Conrad, DNotZ 1960, 3, 27. Zurückhaltend zur obrigkeitlichen Begründung der öffentlichen Qualität einer Urkunde auch bezüglich der Reichsnotariatsordnung indes Trusen in Kleinheyer/Mikat (Hrsg.), Beiträge zur Rechtsgeschichte, Gedächtnisschrift für Conrad, 1979, S. 545, 557 f.

68 Die Reichsnotariatsordnung findet sich in zahlreichen Ausgaben; hier ist Schmelzeisen (Hrsg.), Polizei- und Landesordnungen, Erster Halbband, 1968, S. 95, benutzt worden.

Notarienamt" „von Gewalt" eines „obersten Fürsten ... empfangen".[69] In der partikularrechtlichen Gesetzgebung sind vergleichbare Andeutungen zu finden. So spricht das Dritte württembergische Landrecht von 1610 vom „glaubwürdig(en) Instrument (eines offenen approbirten Notarien)" (I. Teil, Titel XVI, § 3) und schreibt vor, dass bestimmte Urkunden, die „durch glaubwürdige Notarios ... ordenlich auffgericht und verfertigt, ... das jenig, so darinn begriffen", beweisen (I. Teil, Titel XXXIV, § 2).[70] Die Regelung der Reichsnotariatsordnung von 1512 wurde im ausgehenden 18. Jahrhundert also durchaus auch für die Zeit ihrer Entstehung überzeugend folgendermaßen kommentiert: „Ein Notar ist eine mit einem öffentlichen Amte versehene Person, vermöge dessen sie über rechtliche Handlungen glaubwürdige öffentlichen Urkunden verfertigen kann. Ein Notar ist also eine öffentliche Person; d. h. alle seine Handlungen, welche er vermöge seines Amts nach gesetzlicher Vorschrift verrichtet, haben öffentlichen Glauben."[71]

Der öffentliche Glaube öffentlicher, insbesondere notarieller Urkunden, der als Begriff der deutschen Rechtssprache ungefähr seit Beginn des 18. Jahrhunderts häufig nachweisbar ist,[72] während gleichzeitig auch von der fides publica der Aussteller der Urkunden, insbesondere der Notare ge-

---

69 Schmelzeisen (Hrsg.), Polizei- und Landesordnungen, Erster Halbband, 1968, S. 95, 99.

70 Hier benutzt die „Neue, mit Paragraphenzahlen versehene Ausgabe" von Riecke, 1842.

71 Stark, Cölner Reichsabschied von 1512 oder Kaisers Maximilian des Ersten Ordnung der Notarien, 1799, S. 22. Vgl. auch Wächter, Geschichte, Quellen und Literatur des Württembergischen Privatrechts, Erste Abtheilung, 1839, S. 297, Fn. 1: „Notare, welche mit öffentlichem Glauben zur Errichtung und Beglaubigung von Rechtsacten ermächtigt waren, gab es schon einige Jahrhunderte früher [vor 1500] da und dort im Lande [Württemberg] ..."

72 Polander (Heinrich Pohlmann), Die neu-eröffnete Teutsche Notariat-Stube, 1719, Nr. 296, S. 86: „was ist denn endlich die Krafft und Wirckung eines rechtfertigen Notariat-Urkundes? Daß ihm öffentlicher und völliger Glaube ohne einigen andern Beyfall zugestellet wird." Der erste Schulte „bekannte Beleg für den Begriff des öffentlichen Glaubens stammt" aus einer früheren Auflage dieses Werks von 1702, vgl. Schulte/Mostert/van Renswoude (Hrsg.), Strategies of Writing, 2008, S. 15, 26, Fn. 18. Corpus Juris Fridericianum, Erstes Buch von der Prozeß-Ordnung, 1781, Vierter Theil, Sechster Titel, § 38 (S. 73): „Documenta publica werden nur diejenigen genannt, welchen eine vorzüglichere Glaubwürdigkeit um deswillen gebühret, weil deren Aussteller dazu authorisiert worden, den von ihnen oder in ihrem Beyseyn vollzogenen Urkunden einen öffentlichen Glauben, (fidem publicam) beyzulegen." Eher irreführend Grimm, Deutsches Wörterbuch, Band IV, I. Abteilung, 4. Teil, 1949, bearbeitet von Neumann, Artikel „Glaube", 8. Lieferung 1939, Spalte 7777, 7810: „in neuerer juristischer sprache bedeutet öf-

sprochen wird,[73] bleibt eine beweisrechtliche Qualität der Urkunden. Von hier führt eine direkte Linie zu § 415 ZPO, der nicht wörtlich vom öffentlichen Glauben einer öffentlichen Urkunde, sondern nur von einer mit öffentlichem Glauben versehenen Person, dem Aussteller der Urkunde, handelt. Im 18. und 19. Jahrhundert wird der öffentliche Glaube bestimmter Urkunden mit der besonderen Glaubwürdigkeit der durch den Staat eingesetzten Urkundspersonen begründet,[74] wenngleich sich auch die durchaus einem Zirkelschluss ähnelnde Definition findet, öffentliche Urkunden

---

fentlicher glaube die ‚öffentlich anerkannte glaubwürdigkeit einer urkunde' " mit Bestimmungen des EGBGB als einzigen Belegen. Jedenfalls gegen Ende des 19. Jahrhunderts ist die publica fides öffentlicher Urkunden bereits ein allgemein gebräuchlicher Begriff, vgl. nur Bresslau, Handbuch der Urkundenlehre für Deutschland und Italien, Erster Band, 1889, S. 493, 495, 554; Oesterley, Das deutsche Notariat, Zweiter Theil, 1845, 9 f., 153 ff., wo aber auch weiter vom vollen Glauben die Rede ist (S. 661). Die besondere Bedeutung Oesterleys, von der Schulte in Schulte/Mostert/van Renswoude (Hrsg.), Strategies of Writing, 2008, S. 15, 30 f., ausgeht, ist m. E. schwer belegbar.

73 Preußische Verordnung vom 12.9.1708 in Mylius (Hrsg.), Corpus Constitutionum Marchicarum, Band II, Erste Abteilung, 1737, S. 354, Nr. CXV: bevor Notare wie vorgeschrieben „examiniret" und „immatriculiret" worden sind, soll „ihnen ... fides publica nicht beygelegt werden ..." Grävell, Praktischer Kommentar zur allgemeinen Gerichts-Ordnung für die preußischen Staaten, Band II, 1826, S. 302: Beamte verdienen „vermöge der allgemeinen Bestallung oder vermöge besondren Auftrages ... öffentlichen Glauben ..."

74 Corpus Juris Fridericianum, Erstes Buch von der Prozeß-Ordnung, 1781, Vierter Theil, Sechster Titel, § 38 (S. 73); Code civil in den amtlichen deutschen Versionen für die Großherzogtümer Baden und Berg, 1809 und 1810, Art. 1317: öffentliche Urkunde ist die von „öffentlichen Beamten" ausgestellte; sie hat nach Art. 1319 Code civil „pleine foi", beweist „vollständig" (Baden), hat also „plena fides", vgl. oben Fn. 38 ff. Vgl. Gönner, Handbuch des deutschen gemeinen Prozesses, Zweiter Band, 2. Auflage 1804, S. 471: „Oeffentliche Urkunden, wenn sie von Personen herkommen, die ein öffentliches Amt verwalten, ... tragen die äussern Merkmale ihres öffentlichen Glaubens an der Stirn". Linde, Lehrbuch des deutschen gemeinen Civilprozesses, 1825, § 248, S. 350: „Oeffentliche Urkunden ... sind solche, welche von einer, mit öffentlichem Glauben versehenen Person ... abgefaßt sind", Fn. 1: „Auch bei den Römern entstand eine öffentliche Urkunde nur durch Ausstellung von Personen, die das ius actorum et fidei publicae hatten." Spangenberg, Die Lehre von dem Urkundenbeweise in Bezug auf alte Urkunden, Zweite Abtheilung, 1827, S. 16, 43 ff.: „Person, welche öffentlichen Glauben hat", „öffentliche Person"; Oesterley, Das deutsche Notariat, Zweiter Theil, 1845, S. 9 ff., 151 ff., 656 ff. Strippelmann, Der Beweis durch Schrift-Urkunden, Erste Abtheilung, 1860, S. 169: ein „Grund, aus welchem den Schriften der Staatsbehörden Glaubwürdigkeit in besonderem Grade beizulegen ist, ... [ist] die dergleichen Behörden und Beamten, vermöge der ihnen eingeräumten Stellung, zukommende publica fides ..." Kritisch, aber nur mit dem Ergebnis, die Unter-

seien diejenigen, die öffentlichen Glauben genießen.[75] Eine Erklärung des öffentlichen Glaubens öffentlicher Urkunden mit ihrer freien öffentlichen Verfügbarkeit liegt eher fern. Zwar ist im heutigen Prozessrecht auch von Parteiöffentlichkeit die Rede. Dieses „Recht der Verfahrensbeteiligten auf unmittelbare Teilnahme an allen Stadien der Verhandlung, auch soweit diese nicht öffentlich sind",[76] also etwa auch das Recht auf Teilnahme an der Beweisaufnahme (§ 357 ZPO mit der amtlichen Überschrift „Parteiöffentlichkeit"), lässt sich aber, wie die zitierte Definition zeigt, nicht ohne Schwierigkeiten als öffentlich im Sinne von allgemein zugänglich bezeichnen. Natürlich sind geheime Verfahren ohne Parteibeteiligung vorstellbar

---

scheidung zwischen öffentlichen und privaten Urkunden zu nivellieren, Endemann, Die Beweislehre des Civilprozesses, 1860, S. 300: „Die heutige öffentliche Urkunde hat ihre Grundlage in der idealen Unfehlbarkeit des Staates ... Für eine nicht aus dem Begriff des ‚Oeffentlichen', welcher in der Regel stillschweigend mit dem des ‚Staatlichen' identifizirt wird, emanirende Wahrhaftigkeit fehlt es wenigstens angeblich an sichern Haltpunkten. ... Ist es ... die publica fides, aus welcher die Wahrheit ausströmt ..." Zur Ablehnung einer höheren Beweiskraft öffentlicher Urkunden insbesondere S. 303 f., 309; ders., AcP 43 (1860), 1, 11 ff. Wetzell, System des ordentlichen Zivilprozesses, 3. Auflage 1878, S. 229: öffentliche Urkunden sind von „öffentlichen Beamten ... ausgestellt worden", wobei sich die „Competenz" aus „dem öffentlichen Rechte" ergibt. Schulte in Schulte/Mostert/van Renswoude (Hrsg.), Strategies of Writing, 2008, S. 15, 26: „die Glaubwürdigkeit des Notars bzw. die Beweiskraft des von ihm angefertigten Schriftstücks ... sind nun ... von der herrscherlichen bzw. staatlichen Legitimation des Urkundenschreibers nicht mehr zu trennen." Zum geltenden (schweizerischen) Recht Vogt, Der öffentliche Glaube des Handelsregisters, 2003 (zugleich Dissertation Zürich 2001), § 8, Rn. 13: die „beweisverstärkende Wirkung" beruht auf der „behördlichen bzw. notariellen Prüfung".

75 Vgl. Gönner, Handbuch des deutschen gemeinen Prozesses, Zweiter Band, 2. Auflage 1804, S. 466: „alle Urkunden werden unter dem Namen öffentlicher begriffen, welchen die Gesetze öffentlichen Glauben beigelegt haben." Zedler, Artikel „Instrumentum Publicum", Grosses vollständiges Universal Lexicon, Band XIV, 1735, S. 762, 763: „Sonst werden auch insgemein diejenigen Instrumenta oder Documenta, welchen von Rechts- und Gewohnheits-wegen völliger Glaube zugestellet wird, auch Instrumenta publica genennet." Scharfe Kritik an einer Argumentation vom Ergebnis her übt Endemann, Die Beweislehre des Civilprozesses, 1860, S. 308 f. (auch zitiert von MünchKommZPO/Schreiber, 5. Auflage 2016, § 415, Rn. 3): „Die Praxis läßt nicht selten Bescheinigungen und Zeugnisse als öffentliche vollbeweisen, bei denen es sehr zweifelhaft ist, ob sie beweisen, weil sie öffentliche sind, oder ob sie öffentliche heißen, weil sie beweisen müssen."

76 MünchKommZPO/Zimmermann, 5. Auflage 2017, § 169 GVG, Rn. 71.

und historisch belegbar;[77] dass ein von vornherein eng begrenzter Personenkreis (im Zivilprozess z. B. Kläger und Beklagter) nicht ausgeschlossen werden darf, stellt dennoch nur eine sehr rudimentäre Öffentlichkeit her.[78] Sachlich kann die besondere Glaubwürdigkeit einer öffentlichen Urkunde jedenfalls nicht damit begründet werden, dass sie, soll sie zu Beweiszwecken verwendet werden, auch vom Prozessgegner im Rahmen der Parteiöffentlichkeit zur Kenntnis genommen werden kann, denn das gilt für jedes Beweismittel, auch bloße Privaturkunden.[79] Folgerichtige Konsequenz einer Begründung des öffentlichen Glaubens (allein) mit den ho-

---

77 Wobei man allerdings nicht vorschnell Geheimverfahren unterstellen darf, wie das z. B. bezüglich der Femegerichte gerne getan wird, vgl. Lück, Artikel „Feme“, Handwörterbuch zur deutschen Rechtsgeschichte, 2. Auflage, Band I, 2008, Spalte 1535, 1541.

78 Martens, Öffentlich als Rechtsbegriff, 1969, S. 42 ff., v. a. 46 ff., möchte die Verwendung von „öffentlich“ in diesem Sinne den Fällen vorbehalten, in denen „eine unbestimmte Mehrheit von Personen“ etwas wahrnehmen oder an etwas teilnehmen kann. Ebenso Mayer, Grünhuts Zeitschrift für das Privat- und öffentliche Recht der Gegenwart 32 (1906), 245, 260: für die Publizität komme es „darauf an, ob ein ... unbegrenzter Kreis von Personen die Möglichkeit hat, die betreffenden Tatsachen ... zu erfahren.“ Fehrenbacher, Registerpublizität und Haftung im Zivilrecht, 2004, S. 39, zur Publizität: „Publizität erfasst ... nur die zielgerichtete Information an eine unbestimmte Anzahl von Personen.“ Vgl. S. 480: „Publizität (hat) die Verbreitung der Information an einen unbestimmten Personenkreis zur Folge.“ Feuerbach betonte demgegenüber in seinen Betrachtungen über die Oeffentlichkeit und Mündlichkeit der Gerechtigkeitspflege, 1821, S. 23, 35 ff., 96 f., Kern der Öffentlichkeit sei das, was wir heute Parteiöffentlichkeit nennen, und fasst pointiert zusammen (S. 97): den „Partheien“ muss „die Oeffentlichkeit der Gerichte ganz zunächst und vorzüglich gelten, und wenn gleich die das Volk selbst mitumfassende Oeffentlichkeit als eine blos schmückende Zuthat betrachtet werden dürfte, so wäre damit noch nicht das mindeste gegen die unbedingte Nothwendigkeit der ersten erwiesen.“ Der von Hopt, Der Kapitalanlegerschutz im Recht der Banken, 1975, S. 94 f. und passim, im Sinne von „Aufklärung und Beratung“ des einzelnen Kunden durch seine Bank verwendete Begriff „Individualpublizität“ ist wenig hilfreich; durch die Aufklärung eines Individuums wird eine Tatsache noch nicht öffentlich (sondern nur der individuellen Privatperson; von Privatpublizität zu sprechen, verbietet sich aber doch wohl von selbst) bekannt. Gegen den Begriff überzeugend Merkt, Unternehmenspublizität, 2001, S. 9 f.

79 Vgl. die Unterscheidung zwischen „Publizität“ und „Manifestation“ bei Quantz, Besitz und Publizität im Recht der beweglichen Sachen, 2005, S. 31 ff., wonach von „Manifestation“ zu sprechen ist, wenn ein „Akt ... derart nach außen getreten ist, dass er im Nachhinein nachweisbar bleibt“, z. B. durch eine zunächst „heimliche“ private Notiz, während „Publizität Rechtsverhältnisse nach außen allgemein erkennbar ... machen (soll), ... also die Erkennbarkeit eines Rechtsverhältnisses ex ante (betrifft).“

heitlichen Befugnissen der Urkundenaussteller ist die Ablehnung einer Gleichstellung der „quasi öffentlichen“, nämlich von drei Zeugen unterschriebenen Urkunden mit den öffentlichen.[80]

Mindestens gelegentlich wird auch die sofortige Vollstreckbarkeit (parata executio) aus einer öffentlichen Urkunde, wie sie heute z. B. für gerichtliche und notarielle Urkunden in § 794 I Nr. 5 ZPO geregelt ist, mit der „publica fides“ der Urkunden[81] und damit letztlich mit der besonderen Vertrauenswürdigkeit mit hoheitlichen Befugnissen versehener Urkundspersonen begründet, was aber auch auf Kritik stößt.[82]

---

80 Endemann, Die Beweislehre des Civilprozesses, 1860, S. 301. Vgl. Strippelmann, Der Beweis durch Schrift-Urkunden, Erste Abtheilung, 1860, S. 134 f.; Wetzell, System des ordentlichen Zivilprozesses, 3. Auflage 1878, S. 235; Groß, Das Beweisverfahren im canonischen Proceß, II. Besonderer Teil, 1880, S. 53 ff.

81 Matthias Coler, Tractatus de Processibus Executivis ..., 3. Auflage 1602, III. Teil, 1. Kapitel, Nr. 78 ff., S. 570 ff.; Coing, Europäisches Privatrecht, Band I, 1985, S. 483; Leutner, Die vollstreckbare Urkunde im europäischen Rechtsverkehr, 1997, S. 133: „Richtigkeitsgewähr durch öffentliche Beurkundung“.

82 Kohler, AcP 72 (1888), 1, 39.

## 7. Besondere Urkunden: Wertpapiere öffentlichen Glaubens

Bei den sogenannten Wertpapieren öffentlichen Glaubens, z. B. dem Wechsel, muss eine Erklärung der Möglichkeit redlichen Erwerbs mit dem Aspekt hoheitlich-öffentlicher Ausstellung ebenso ausscheiden wie eine solche mit dem Aspekt allgemeiner Einsehbarkeit. Der Begriff ist deshalb abzulehnen.[83] Die Ähnlichkeit zum Grundbuch besteht nur in der Ermöglichung redlichen Erwerbs. Sollte man überall dort, wo ein Rechtsschein redlichen Erwerb begründen kann, vom öffentlichen Glauben dieses Rechtsscheins sprechen, müsste man gegebenenfalls auch vom öffentlichen Glauben des Besitzes nach §§ 932 ff. (und § 1006) BGB sprechen,[84] was völlig zu Recht äußerst unüblich ist[85] und die zahlreichen Unterschiede etwa zwischen den §§ 932 ff. einerseits und den §§ 892 ff. andererseits durch Begriffsgleichheit zu verschleiern drohte. Die Verschaffung von Besitz bezweckt in erster Linie nicht die Veröffentlichung einer Beziehung zur Sache, sondern schlicht die Ermöglichung der Nutzung der Sache.[86] Der Besitz ist also weit weniger als es Eintragungen in öffentlichen Registern sind ein Mittel zur Publikation eines Rechts oder einer Tatsache.[87]

---

83 Vgl. oben Fn. 12 a. E.

84 Zweifeln daran, dass der Besitz des Veräußerers immerhin einen Rechtsschein begründet, der dem gutgläubigen Erwerber zugutekommen kann (vgl. etwa Bauer in Habscheid/Gaul/Mikat [Hrsg.], Festschrift Bosch, 1976, S. 1, 8 ff., 17 ff.; Ernst in Lange/Nörr/Westermann [Hrsg.], Festschrift Gernhuber, 1993, S. 95 ff.; Quantz, Besitz und Publizität im Recht der beweglichen Sachen, 2005, S. 267 ff., 300, 314 ff., 324 ff.; Füller, Eigenständiges Sachenrecht?, 2006, S. 323 ff., 367 f.; Kiehnle, Der Erwerb kraft öffentlichen Glaubens in der württembergischen Pfandgesetzgebung von 1825/1828 und im Bürgerlichen Gesetzbuch, 2004, S. 405 f.), braucht hier nicht nachgegangen zu werden.

85 So aber Crome, System des Deutschen Bürgerlichen Rechts, Dritter Band, 1905, S. 192, Fn. 15, S. 193, 208 ff. (Überschrift und Kolumnentitel zu §§ 380 ff.). v. Seeler, ArchivBürgR 28 (1906), 1, 2, erklärt sogar die „Scheinvollmacht", die heute als Anscheinsvollmacht bezeichnet wird, damit, dass „im Interesse des öffentlichen Glaubens der Dritte, bei dem … dieser Anschein erweckt wurde, in gleicher Weise geschützt (wird), als wenn eine Bevollmächtigung in Wirklichkeit erfolgt wäre."

86 Quantz, Besitz und Publizität im Recht der beweglichen Sachen, 2005, S. 43.

87 Vgl. Quantz, Besitz und Publizität im Recht der beweglichen Sachen, 2005, S. 29: „Bei Grundbuch und Erbschein drängen sich Vermutung und Rechtsschein … deshalb auf, weil beide keinen anderen Zweck als gerade die Publizierung eines

Zudem ist er auch nicht notwendig offenkundig, sondern kann durchaus verborgen sein und werden,[88] sowohl vom berechtigten Besitzer als auch vom nichtberechtigten Besitzer bis hin zum Dieb.

---

Rechtsverhältnisses verfolgen, also einzig und allein als Publizitätsmittel fungieren." Weiter S. 43. Peters, Der Entzug des Eigentums an beweglichen Sachen durch gutgläubigen Erwerb, 1991, S. 6, 62 f. Vgl. außerdem zum wegen der fehlenden Zweckgerichtetheit den Besitz besser als „Publizitätsmittel" kennzeichnenden Begriff „Publizitätstatbestand" oben Fn. 31. Auch Hübner, Der Rechtsverlust im Mobiliarsachenrecht, 1955, S. 68 ff., betont „grundlegende Unterschied[e] zwischen den Funktionen des Besitzes und des Grundbuchs".

88 Quantz, Besitz und Publizität im Recht der beweglichen Sachen, 2005, S. 36, vgl. auch 322 ff.; Hartung, Besitz und Sachherrschaft, 2001, S. 130; MünchKommBGB/Joost, 7. Auflage 2017, § 854, Rn. 13 m. w. N.; Füller, Eigenständiges Sachenrecht?, 2006, S. 279 f., weiter S. 246: „Das Grundbuch verdeutlicht die Rechtslage auch über eine größere räumliche Distanz, während aus dem Besitz nur die Personen Schlussfolgerungen ziehen können, die in eine bestimmte räumliche Nähe zu der körperlichen Sache gelangen." Vgl. aber RGZ 77, 201, 208: „die Frage nach der Erkennbarkeit des Besitzes (fällt) schlechthin mit der Frage nach diesem selbst (zusammen). … es ist … die Herstellung eines … Herrschaftsverhältnisses erforderlich, das sich als solches äußerlich kennzeichnen muß, nicht in dem Sinne, daß es von allen erkannt werde, aber daß es von allen, die darauf achten, erkannt werden könne." BGHZ 44, 27, 32. Dagegen bezweifelt Ernst in Lange/Nörr/Westermann (Hrsg.), Festschrift Gernhuber, 1993, S. 95, 103 ff., die „sinnliche Wahrnehmbarkeit des Besitzes" überhaupt. Vgl. S. 107: „Es liegt beim gutgläubigen Mobiliarerwerb also markant anders als bei denjenigen Rechtsinstituten, die tatbestandlich auf einen Rechtsschein abheben: das Grundbuch und der Erbschein mit ihrem öffentlichen Glauben …, die aber auch als institutionelle Rechtsscheinträger gerade auf Wahrnehmung hin angelangt [wohl: angelegt] sind." Ähnlich zur Erkennbarkeit des Besitzes bereits Ernst Wolf, Lehrbuch des Sachenrechts, 2. Auflage 1979, S. 8, 49 f., der aber auch die Erkennbarkeit durch Grundbucheintragung publizierter Rechte verneint.

## 8. Hastae fides und öffentlicher Glaube der öffentlichen Versteigerung

Vom öffentlichen Glauben der öffentlichen Versteigerung ist heute, soweit ersichtlich, im geltenden deutschen Recht nicht mehr die Rede. Dass ein Erwerb vom Nichtberechtigten an im Wege öffentlicher Versteigerung veräußerten Sachen nach § 935 II BGB auch dann möglich ist, wenn diese i. S. d. § 935 I abhandengekommen sind, stellt aber einen besonderen Schutz dessen dar, der in öffentlicher Versteigerung eine Sache ersteht, der offenbar auf der Öffentlichkeit der Versteigerung beruhen muss. Seit der 2009 vorgenommenen Änderung der §§ 935 II, 979 BGB kommt man freilich ins Grübeln, denn Versteigerungen „nach § 979 Absatz 1 a" sind in § 935 II nun öffentlichen Versteigerungen gleichgestellt, was voraussetzt, dass es sich bei ihnen nicht ohnehin schon um öffentliche Versteigerungen handelt, und auch § 979 I a stellt die „allgemein zugängliche Versteigerung im Internet" neben die öffentliche Versteigerung des § 979 I. Meint öffentlich hier also etwas anderes als „allgemein zugänglich"? Bisher herrschte und herrscht Einigkeit darüber, dass die Legaldefinition der öffentlichen Versteigerung in § 383 III 1 BGB grundsätzlich nicht nur im Hinterlegungsrecht, sondern überall gilt, wo das BGB von öffentlicher Versteigerung spricht.[89] Die öffentliche Versteigerung zeichnet sich nach § 383 III 1 da-

89 So zu Recht Dünkel, Öffentliche Versteigerung und gutgläubiger Erwerb, 1970, S. 51; BGH NJW 2006, 613 [10]. Vgl. (vorsichtig) MünchKommBGB/Fetzer, 8. Auflage 2019, § 383, Rn. 6: „eine Legaldefinition, die auch für andere Vorschriften ... gilt." Wo europarechtliche Vorgaben zu beachten sind, mag der Rechtsanwender zu einer abweichenden Begriffsbestimmung gezwungen sein. Für § 312 g II Nr. 10 und § 474 II 2 BGB in der seit 2014 geltenden Fassung besteht dieses Problem freilich nicht, weil der deutsche Gesetzgeber den eigenständigen, von dem der „öffentlichen Versteigerung" unabhängigen Begriff der „öffentlich zugänglichen Versteigerung" legaldefiniert und verwendet; vgl. BeckOK BGB/Faust, § 474, Rn. 33 ff., Stand 1.8.2019; teils (unklar) abweichend BeckOGK BGB/Augenhofer, § 474, Rn. 90 ff., Stand 1.7.2019, wo zu Unrecht davon ausgegangen wird, dass § 474 II 2 nach seinem Wortlaut eine öffentliche Versteigerung voraussetze. Dass „Verkäufe auf Versteigerungsplattformen im Internet ... mangels persönlicher Teilnahmemöglichkeit keine öffentliche Versteigerung darstellen" sollen (BeckOGK BGB/Augenhofer, § 474, Rn. 98, Stand 1.7.2019), ist ebenfalls eine zumindest fragwürdige These, denn abgesehen davon, dass es eben um das Vorliegen einer „öffentlich zugänglichen Versteigerung" geht, erfordert § 474

durch aus, dass sie erstens durch einen hoheitlich-öffentlich legitimierten Versteigerer und zweitens zusätzlich „öffentlich“ erfolgt. „Öffentlich“ wird bisher einhellig als jedermann zugänglich, d. h. nichts anderes als allgemein frei zugänglich interpretiert.[90] Ist diese Auslegung überholt, weil die allgemein zugängliche Versteigerung im Internet ausweislich der §§ 935 II, 979 eben gerade keine öffentliche Versteigerung sein soll? Ein solcher systematischer Schluss wäre verfehlt, wie ein Blick auf § 814 II ZPO in der seit 2009 geltenden Fassung beweist. Nach dieser Vorschrift kann eine öffentliche Versteigerung „1. als Versteigerung vor Ort oder 2. als allgemein zugängliche Versteigerung im Internet ... erfolgen.“ Die offenbar unzureichend vorbereiteten Änderungen der §§ 935 II, 979 dürfen deshalb nicht als maßgeblich für die Bestimmung des Begriffs der öffentlichen Versteigerung betrachten werden. Auch die allgemein zugängliche Internetversteigerung ist vielmehr wie jede allgemein zugängliche Versteigerung eine öffentliche, sofern sie von einem hoheitlich autorisierten Versteigerer durchgeführt wird.[91] Die unbegründete Behauptung, eine Internetversteigerung könne nicht öffentlich i. S. d. § 814 ZPO a. F. sein, weil dieser und § 935 II BGB nur „Präsenzversteigerungen“ erfassten,[92] hätte, wie die Bundesregierung im Gesetzgebungsverfahren zu Recht entgegnete, folgerichtig zu

---

II 2 n. F. zusätzlich zur öffentlich zugänglichen Versteigerung die Möglichkeit persönlicher Teilnahme (insoweit allerdings abweichend von § 312 g II Nr. 10, der die Teilnahmemöglichkeit bereits in die Definition aufnimmt), so dass es an sich wohl auch öffentlich zugängliche Versteigerungen ohne die Möglichkeit persönlicher Teilnahme geben können müsste. Für § 474 I 2 a. F. (in Kraft bis 2014), der tatsächlich eine öffentliche Versteigerung verlangte, erkannte die ganz h. M. die Begriffsidentität mit § 383 BGB an, vgl. nur BGH NJW 2006, 613 [5], [9] ff.; BGH NJW-RR 2010, 1210 [12].

90 BGH NJW 1990, 899, 900; Staudinger/Olzen, 2016, § 383 BGB, Rn. 12; MünchKommBGB/Fetzer, 8. Auflage 2019, § 383, Rn. 6; Dünkel, Öffentliche Versteigerung und gutgläubiger Erwerb, 1970, S. 51 f.

91 Dass die öffentlich zugängliche Versteigerung i. S. d. §§ 312 g II Nr. 10 und 474 II 2 BGB demgegenüber auf die hoheitlich-öffentliche Legitimation des Versteigerers verzichtet, sei am Rande noch einmal (zur Klarstellung trotz verwirrender Gesetzgebung) erwähnt.

92 So Viertelhausen, DGVZ 2003, 2, 4, 5, 7; BT-Ds 16/7615, S. 29 (Stellungnahme des Bundesrates); BT-Ds 16/13444, S. 9, rechte Spalte, Zu Nummer 2 (Stellungnahme des Rechtsausschusses des Bundestages); MünchKommZPO/Gruber, 5. Auflage 2016, § 814, Rn. 3; gegen einen solch „rein formalen Ansatz“ mit überzeugender teleologischer Argumentation Schnabl, NJW 2005, 941, der zutreffend erklärt (941), dass „das Öffentlichkeitsgebot ... [und damit] der Gesetzeszweck ... kaum besser verwirklicht werden“ können als durch Versteigerung im Internet, im Ergebnis (943) aber dennoch immerhin „eine Klarstellung durch den Gesetzgeber“ befürwortete. Vgl. auch den zutreffenden Hinweis von Viertelhausen,

einer Änderung der Legaldefinition in § 383 III BGB mit entsprechend genereller Wirkung führen müssen,[93] zu der es aber aus nicht nachvollziehbaren Gründen (bisher) nicht gekommen ist. Im geltenden Recht sind öffentliche Versteigerungen somit im doppelten Sinne des Wortes öffentlich: hoheitlich und frei zugänglich. Man könnte deshalb auch ohne Bedenken sagen, dass es der öffentliche Glaube der Versteigerung ist, der den Schutz des Erwerbers rechtfertigt.

Die Auslegung des ALR I 15 § 42, wonach „Sachen, die von dem Fisko, oder bey öffentlichen Versteigerungen erkauft worden, ... keiner Vindikation unterworfen (sind)", war mangels einer eindeutig einschlägigen Legaldefinition der öffentlichen Versteigerung umstritten. Während z. B. Dernburg auch „durch Private abgehaltene Versteigerungen" für öffentlich hielt, „wenn denselben genügende öffentliche Ankündigungen vorhergingen und Jedermann zu denselben Zutritt hatte",[94] scheinen Förster/Eccius und Rehbein/Reincke einen Schutz des Erwerbers nur befürwortet zu haben, wenn ein öffentlich i. S. v. „obrigkeitlich" bestellter Auktionator versteigert hatte.[95] Dafür mochte auch der Sachzusammenhang mit der Regelung zum Erwerb vom Fiskus sprechen, die ihrerseits viel ältere Vorläufer bis hin zum Codex Justinians und darüber hinaus hat. Auch C. 8, 25 [26], 8, ermöglichte einen Erwerb, „nam fiscalis hastae fides facile convelli non debet." Wenn die Glaubwürdigkeit der Subhastation nicht einfach erschüttert werden soll, beruht dies in diesem Kontext wohl auf der besonderen Autorität des Staates, also hoheitlich-öffentlicher Gewalt. Andererseits ließ sich bei frei zugänglichen, vorher angemessen bekanntgemachten Versteigerungen auch mit dem Verschweigungsgedanken argumentieren: der Berechtigte hat die Chance, nach der Bekanntmachung seine Rechte geltend zu machen; tut er das nicht rechtzeitig, erscheint er im Verhältnis

---

DGVZ 2003, 2, dass die „Kosten für die Internetnutzung ... im Vergleich zum ... Aufwand bei einer persönlichen Teilnahme an einer Präsenzversteigerung ... sehr gering (sind)", der aber daraus nicht den naheliegenden Schluss zieht, dass man angesichts solcher Barrieren, die die Teilnahme an einer Präsenzversteigerung erschweren, vielleicht sogar eher an deren Öffentlichkeit als an derjenigen einer Internetversteigerung zweifeln sollte.

93 BT-Ds 16/7615, S. 32, Zu Nummer 10 (Stellungnahme der Bundesregierung).

94 Dernburg, Lehrbuch des Preußischen Privatrechts, Erster Band, 1875, S. 388; vgl. ders., Das bürgerliche Recht des Deutschen Reichs und Preußens, Dritter Band, 4. Auflage 1908, S. 351 oben.

95 Vgl. Förster/Eccius, Preußisches Privatrecht, II. Band, 7. Auflage 1896, S. 119; Rehbein/Reincke, Allgemeines Landrecht für die Preußischen Staaten, Zweiter Band, 5. Auflage 1894, Anm. 35a zu § 42, S. 173; Dünkel, Öffentliche Versteigerung und gutgläubiger Erwerb, 1970, S. 28.

zum Ersteher weniger schutzwürdig. Wo im gemeinen oder partikularen Recht von der „fides hastae publicae“,[96] dem besonderen Glauben der öffentlichen Versteigerung, die Rede war, konnte das also sowohl auf die öffentliche Sichtbarkeit der Versteigerung als auch auf die öffentliche Autorität des Versteigerers zurückgeführt werden. Jedenfalls könnte es „gegen den öffentlichen Glauben streiten, wenn er (der Zuschlag in öffentlicher Versteigerung) dem Käufer nicht volle Sicherheit gewährte.“[97]

Vor dem historischen Hintergrund[98] besteht kein Anlass, den Aspekt der Verschweigung für das geltende Recht als irrelevant einzustufen.[99] Träfe es zu, dass allein die staatliche Autorität als rechtfertigendes Element

96 Beispielsweise Stryk, Usus modernus Pandectarum, Bücher 13 bis 22, 1710, S. 428; Verhandlungen der Kammer der Abgeordneten des Königreichs Würtemberg auf dem außerordentlichen Landtage von 1828, Erstes außerordentliches Heft, 1828, S. 197, Ueber Art. 29; Kretzschmer, Artikel „Adjudication“, Vollständiges aber kurzgefaßtes Repertorium aller Königl. Preußischen Landesgesetze, Erster Band, 1836, S. 31.

97 Glück, Ausführliche Erläuterung der Pandecten, Teil 17, Erste Abteilung, 1815, S. 88. Vgl. unter Verwendung des Ausdrucks „öffentlicher Glaube“ auch Käuffer, Zeitschrift für Rechtspflege und Verwaltung, zunächst für das Königreich Sachsen, Neue Folge 4 (1845), 306, 310 f., mit starker Betonung der Autorität der „Obrigkeit“ bzw. des „Staates“.

98 Monographisch Dünkel, Öffentliche Versteigerung und gutgläubiger Erwerb, 1970.

99 So aber Dünkel, Öffentliche Versteigerung und gutgläubiger Erwerb, 1970, S. 39 ff., 44 f., 58 f.; BGH NJW 1992, 2570 (= BGHZ 119, 75), 2573: „Der Verschweigungsgedanke ist im deutschen Privatrecht allgemein nicht Grundlage des erweiterten Vertrauensschutzes bei der öffentlichen Versteigerung geworden ...“; Dorff, Der Versteigerungserwerb und seine Rechtmäßigkeit bei abhanden gekommenen Sachen, 1999 (zugleich Dissertation Hamburg), S. 99 ff.; Wieling, Sachenrecht, Band I, 2. Auflage 2006, § 10 V 5 c am Ende, S. 409 („beruht ... im wesentlichen nicht auf dem Verschweigungsgedanken“); Westermann/Gursky/Eickmann, Sachenrecht, 8. Auflage 2011, § 49, Rn. 21; Neuner, JuS 2007, 401, 402; wohl auch BeckOGK BGB/Klinck, § 935, Rn. 37, Stand 1.7.2019. Anders die lange herrschende Meinung, die den Verschweigungsgedanken für zentral erklärte; vgl. nur Schultze, Jherings Jahrbücher für die Dogmatik des bürgerlichen Rechts 49 (1905), 159, 184; Staudinger/Wiegand, 2017, § 935 BGB, Rn. 23; wohl auch Wilhelm, Sachenrecht, 6. Auflage 2019, Rn. 962 (ohne Verwendung des Worts „Verschweigung“: die Öffentlichkeit der Versteigerung „berührt ... die Möglichkeit des Berechtigten, von der Veräußerung seiner Sache Kenntnis zu erlangen, und damit auch das Kriterium der Veranlassung der Veräußerungsmöglichkeit durch den Berechtigten“); Wolff/Raiser, Sachenrecht, 10. Auflage 1957, S. 252 unten, wo in Fn. 7 aber schon Zweifel wegen einer „oft fiktiv(en) Öffentlichkeit“ angemeldet werden. Beim redlichen Erwerb nach § 1244 i. V. m. § 1235 II und § 1221 BGB entfallen das Element der offenen Sichtbarkeit und damit

wirkt,[100] wäre das Erfordernis des freien Zugangs zur Versteigerung nur sehr schwer erklärbar. Dieses erleichtert zwar auch die Erzielung eines angemessenen Erlöses[101] und muss deshalb nicht zwingend damit erklärt werden, dass die öffentliche Erkennbarkeit den wahren Berechtigten Gelegenheit zum Widerspruch gegen eine ihre Rechte beeinträchtigende Versteigerung gibt, die völlige Außerachtlassung des Verschweigungsgedankens und die korrespondierende Betonung des Autoritätsgedankens müssten konsequenterweise aber dazu führen, dass der Erwerber unabhängig von weiteren Voraussetzungen wie seiner Redlichkeit allein kraft des Hoheitsaktes Zuschlag Eigentum erlangt, wie das die durchaus angreifbare ganz herrschende Meinung ja in der Tat für den Erwerb in der Zwangsversteigerung postuliert.[102] Der Einwand, dass gerade bei beweglichen Sachen, die rein faktisch ohne Wissen und Willen des wahren Eigentümers

---

auch jede Anknüpfung an eine Verschweigung freilich, denn auch der freihändige Verkauf einer vermeintlich verpfändeten Sache als Pfand durch einen „öffentlich ermächtigten Handelsmäkler“ oder „eine zur öffentlichen Versteigerung befugte Person“ kann dort trotz Abhandengekommenseins der Sache zum Eigentumsverlust des bisherigen Berechtigten führen.

100 So (wohl) andeutungsweise Julius v. Gierke, Das Sachenrecht des bürgerlichen Rechts, 4. Auflage 1959, S. 91: „Bei der öffentlichen Versteigerung ist der Gedanke maßgebend, daß ein staatlicher, öffentlicher Hoheitsakt vorliegt.“ Dagegen Schultze, Jherings Jahrbücher für die Dogmatik des bürgerlichen Rechts 49 (1905), 159, 184, Fn. 42; Hübner, Der Rechtsverlust im Mobiliarsachenrecht, 1955, S. 145 ff.; Dünkel, Öffentliche Versteigerung und gutgläubiger Erwerb, 1970, S. 59 ff.; Dorff, Der Versteigerungserwerb und seine Rechtmäßigkeit bei abhanden gekommenen Sachen, 1999 (zugleich Dissertation Hamburg), S. 99.

101 Das hält für entscheidend Dünkel, Öffentliche Versteigerung und gutgläubiger Erwerb, 1970, S. 62 ff. Der wahre Eigentümer hat aber Interesse am Erhalt seines Eigentums, nicht an einem möglichst hohen Erlös, und auch den übrigen Beteiligten kann an der Höhe des Erlöses letztlich häufig nicht viel liegen, da und soweit sie diesen ohnehin dem ehemaligen wahren Eigentümer herausgeben müssen; vgl. zur Zwangsversteigerung Pinger, JR 1973, 94, 95; dagegen nicht überzeugend Dorff, Der Versteigerungserwerb und seine Rechtmäßigkeit bei abhanden gekommenen Sachen, 1999 (zugleich Dissertation Hamburg), S. 112 f. Ausnahmsweise (z. B. bei drohenden hohen Aufbewahrungskosten, die der Eigentümer tragen müsste) mag allerdings auch dem wahren Eigentümer letztlich an der Versteigerung seiner abhanden gekommenen Sache gelegen sein, vgl. Dorff, Der Versteigerungserwerb und seine Rechtmäßigkeit bei abhanden gekommenen Sachen, 1999 (zugleich Dissertation Hamburg), S. 113 ff.

102 Vgl. zum Meinungsstand nur BGH NJW 1992, 2570 (= BGHZ 119, 75), 2571 ff. mit zahlreichen Nachweisen und diversen Differenzierungen (insbesondere kein Hoheitsakt und deshalb allenfalls redlicher Erwerb nach § 1244 BGB, wenn ein „privater Auktionator“ öffentlich versteigert: 2571 f., 2574). Für die h. M. weiter die ständige Rspr. seit RGZ 156, 395, 397 ff. (vom 21.1.1938); aus der Li-

an einem beliebigen Ort versteigert werden können, die freie Zugänglichkeit der Versteigerung und ihr vorgelagerte Bekanntmachungen (vgl. §§ 383 III 2, 1237)[103] nur eine sehr theoretische Chance zum Widerspruch herbeiführen, trifft zu,[104] ist aber durch den technischen Fortschritt vielleicht schon wieder überholt, denn die früheren tatsächlichen Grenzen

---

teratur z. B. Stein/Jonas/Würdinger, § 817 ZPO, Rn. 21, 23. Auflage 2017; Brox/Walker, Zwangsvollstreckungsrecht, 11. Auflage 2018, Rn. 411; Rosenberg/Gaul/Schilken/Becker-Eberhard, Zwangsvollstreckungsrecht, 12. Auflage 2010, § 53, Rn. 27; Frank/Veh, JA 1983, 249, 254 f.; ablehnend hingegen z. B. Backhaus, Schutz des guten Glaubens bei Vollstreckungsakten?, Dissertation Freiburg i. Br. 1959, S. 27 ff., 82 f.; Huber, Die Versteigerung gepfändeter Sachen, 1970, zusammenfassend S. 191 f.; Pinger, JR 1973, 94; Marotzke, NJW 1978, 133; Bruns/Peters, Zwangsvollstreckungsrecht, 3. Auflage 1987, S. 157 ff.; außerdem die frühere Rechtsprechung wie z. B. RGZ 104, 300, 301 f. Der Vorwurf von Wolff/Raiser, Sachenrecht, 10. Auflage 1957, S. 701, Fn. 7, RGZ 156, 395 stehe „unter dem spürbaren Einfluß der Staatslehre dieser Epoche" (ähnlich Säcker, JZ 1971, 156, 160), sei also, wenn man es in eigenen Worten mit größerem Abstand weniger freundlich, dafür aber wohl deutlicher ausdrücken will, nicht frei von nationalsozialistischer Ideologie (so dezidiert Pesch, JR 1993, 358, 359 f.), mag zu weit gehen (zumal schon im 19. Jahrhundert die „Vergöttlichung" des Staates durch Hegel Gegenstand der Kritik war, vgl. nur die Nachweise bei Sommermann, Staatsziele und Staatszielbestimmungen, 1997, S. 57 f., und Hugo Preuß, der 1889 von der „Apotheose des absoluten Staates" bei Hobbes sprach, vgl. Gesammelte Schriften, Hrsg. Lehnert/Müller, Zweiter Band, 2009, S. 108, derartige Tendenzen also jedenfalls nicht spezifisch für die Zeit des Nationalsozialismus sind), jedenfalls sollte aber mit Backhaus, Schutz des guten Glaubens bei Vollstreckungsakten?, Dissertation Freiburg i. Br. 1959, S. 30 f., vor einer „Überbewertung der Staatsmacht" oder „des Staatsaktes" und vor „dem mystischen Gedanken von der Staatsallmacht" gewarnt werden; vgl. auch unten Fn. 176. Weiter v. Moos, „Öffentlich" und „privat" im Mittelalter, 2004, S. 57 f.: „ ‚das Öffentliche' (hat) trotz der Aufklärung seine fürstenstaatliche Monopolisierung zum Amts- und Autoritätsbegriff auch im 19. und 20. Jahrhundert nie ganz abgestreift." Eine Vergöttlichung des Staates und anderer Körperschaften mag im Übrigen tieferliegende Gründe haben, vgl. Damler, Rechtsästhetik, 2016, S. 63 ff., insbesondere S. 95 ff. zum Einfluss der christlichen Gleichsetzung der Kirche mit dem corpus Christi auf die Vorstellungen von Körperschaften.

103 Vorgaben, wie und wo die öffentliche Bekanntmachung zu erfolgen hat, fehlen (vgl. BeckOGK BGB/Förster, § 1237, Rn. 3-3.2, Stand 1.9.2019; Staudinger/Olzen, 2016, § 383 BGB, Rn. 9; Staudinger/Wiegand, 2019, § 1237 BGB, Rn. 2), was die Suche nach einschlägigen Bekanntmachungen selbst dort praktisch aussichtslos macht, wo der Eigentümer ahnt, wo seine Sache sich befinden könnte. Vgl. zur Zwangsversteigerung Marotzke, NJW 1978, 133, 135 f.

104 Wolff/Raiser, Sachenrecht, 10. Auflage 1957, S. 252 unten, Fn. 7; Hübner, Der Rechtsverlust im Mobiliarsachenrecht, 1955, S. 145; Müller ZfRV 1963, 2, 7;

hinreichender Publikations- und Recherchemöglichkeiten sind im digitalen Zeitalter mittlerweile dank nahezu unbeschränkter Veröffentlichungs- und Suchmöglichkeiten im Internet möglicherweise obsolet, so dass Regelungen zumindest vorstellbar sind, die einen Erwerb vom Nichtberechtigten nur zulassen, wenn die Versteigerung mit angemessenem Vorlauf auf einer national oder supranational einheitlichen, allgemein bekannten Internetseite[105] veröffentlicht worden ist und der wahre Berechtigte auf diese Veröffentlichung nicht reagiert hat.

---

Dünkel, Öffentliche Versteigerung und gutgläubiger Erwerb, 1970, S. 59, 20, 43; Frank/Veh, JA 1983, 249, 250; Peters, Der Entzug des Eigentums an beweglichen Sachen durch gutgläubigen Erwerb, 1991, S. 82; Dorff, Der Versteigerungserwerb und seine Rechtmäßigkeit bei abhanden gekommenen Sachen, 1999 (zugleich Dissertation Hamburg), S. 100 f.; Wieling, Sachenrecht, Band I, 2. Auflage 2006, § 10 V 5 c am Ende, S. 409 („Verschweigungsgedanke" wäre „unter den heutigen Verhältnissen eine reine Fiktion"); MünchKommBGB/Oechsler, 7. Auflage 2017, § 935, Rn. 17 („heute nicht unbedingt plausibel"); BeckOGK BGB/Klinck, § 935, Rn. 37, Stand 1.7.2019.

105 Vgl. schon heute immerhin www.justiz-auktion.de, die durch § 2 der Internetversteigerungsverordnungen der Länder für Versteigerungen nach § 814 ZPO und § 979 BGB bestimmte Versteigerungsplattform. Für Versteigerungen nach § 296 AO ist die Plattform allerdings schon eine andere, nämlich www.zoll-auktion.de.

## 9. Der öffentliche Glaube öffentlicher Bücher

### *a) Freie Einsehbarkeit und Verschweigung*

Der Gedanke der allgemeinen freien Zugänglichkeit spielte und spielt anders als für die Beweiskraft gewisser Urkunden für den öffentlichen Glauben bestimmter Register eine entscheidende Rolle.[106] Wenn dingliche

---

106 Martens, Öffentlich als Rechtsbegriff, 1969, S. 54 ff., 59, erklärt die Registerpublizität und einige wirtschaftsrechtliche Publikationszwänge (wie hier zu zeigen sein wird: etwas vorschnell) allein mit Öffentlichkeit „= unbeschränkte Wahrnehmbarkeit und Zugänglichkeit"; vgl. auch Pflug, Das Prinzip der Publicität in Deutschland, Dissertation Erlangen 1895, nach dessen nicht belegter Auffassung „ ‚öffentlicher Glaube' " früher „nichts weiter als das Vertrauen (bedeutete), welches ... die Beamten und deren Schriftstücke dem Publikum gegenüber geniessen" (S. 17), später aber alle „Folge(n) der öffentlichen Zugänglichkeit und der daraus entspringenden erhöhten Glaubwürdigkeit der Bücher" zusammengefasst habe (S. 16). Martens' Verdikt (S. 59), „sinnvolle Aussagen über *die* Publizität und *das* Publizitätsprinzip" (Hervorhebungen im Original) seien insoweit „nicht möglich", das „Material" sei „zu heterogen, als daß es sich in ergiebiger Weise klassifizieren ließe", mahnt zwar zur Vorsicht, aber sich damit zu begnügen, „unter Konzentration auf die konkrete Problemlage die jeweilige Publizitätsregelung in ihrer Sachbezogenheit [zu] erörtern", birgt die Gefahr in sich, dass hinter demselben Begriff ganz unterschiedliche Regelungen und Wertungen versteckt werden (vgl. zur prinzipiell berechtigten Forderung, jeden „einzelnen Rechtssatz" für sich auszulegen, S. 37 ff.; gegen eine voreilige Harmonisierung des Regelungsgehalts der §§ 892, 2366 BGB, 15 HGB unter dem Schlagwort „Rechtsschein" auch Kiehnle, Der Erwerb kraft öffentlichen Glaubens in der württembergischen Pfandgesetzgebung von 1825/1828 und im Bürgerlichen Gesetzbuch, 2004, S. 162 f., 174, Fn. 393). Das kann dogmatischer Klarheit und Rechtssicherheit nur abträglich sein, weshalb hier versucht wird, den sachlichen Gehalt des öffentlichen Glaubens im Privatrecht zu systematisieren, trotz der zu befürchtenden Überforderung, zugleich als Anregung zu umfassenderen Untersuchungen (wie sie für die „Unternehmenspublizität" und die „Registerpublizität" etwa Merkt, Unternehmenspublizität, 2001, und Fehrenbacher, Registerpublizität und Haftung im Zivilrecht, 2004, schon vorgelegt haben; gegen zu große Skepsis bezüglich einer mehr oder weniger allgemeinen Publizitätstheorie vgl. auch Merkt, S. 4). Schließlich hat Martens an anderer Stelle (S. 101 f.) noch kurz erwähnt, dass öffentlich „ferner in Verbindung mit bestimmten Objekten die Urheberschaft von Hoheitsträgern (verlautbart)" und als Beispiele dafür „Öffentliche ... Bücher (... 179 EGBGB) und Urkunden (§§ 415 ff. ZPO ...)" genannt (Fn. 123). Der Aspekt, dass die für die Führung der

Rechte an Grundstücken nur dann in jeder Hinsicht wirksam sein sollen, wenn sie erkennbar, also offenkundig und in diesem Sinne öffentlich oder publik sind, wenn also das Publizitätsprinzip oder gleichbedeutend der Grundsatz der Offenkundigkeit verwirklicht werden,[107] kann sich aus dieser Öffentlichkeit der Sachenrechte zugleich ergeben, dass Dritte darauf vertrauen dürfen, dass nicht erkennbare Rechte nicht bestehen oder jedenfalls dem redlichen Dritten gegenüber nicht geltend gemacht werden können.[108] Gewissermaßen umgekehrt ermöglicht eine öffentliche Verlautbarung von (vermeintlichen) Rechtsänderungen auch jedem, seine besseren

---

Bücher und Register und die Ausstellung der Urkunden zuständige Stelle eine solche mit hoheitlichen Befugnissen ist, darf folgerichtig weder bei der Registerpublizität noch bei der Beweiskraft öffentlicher Urkunden außer Acht gelassen werden.

Unnötig Verwirrung stiftet, wer den Begriff „Registerpublizität" einmal als „nur gegenüber dem Register" Publikmachen, also nicht auch noch anderweitig (in Printmedien oder elektronisch) Veröffentlichen definiert (Fehrenbacher, Registerpublizität und Haftung im Zivilrecht, 2004, S. 387, im Gegensatz zur „Bundesanzeigerpublizität", vgl. S. 388; vgl. MünchKommBilanzrecht/Drinhausen, 2013, § 325 HGB, Rn. 8, mit einer „Unterscheidung zwischen reiner Registerpublizität … und der zusätzlichen Bundesanzeigerpublizität"), ihn ansonsten aber (wie ich hier) ganz allgemein als einem Register zukommende Publizität verwendet (so Fehrenbacher passim, z. B. S. 480 ff., vgl. 481: „das besondere Vertrauen der öffentlichen Register als Informationsplattform").

107 Vgl. Ogris, Artikel „Publizität", Handwörterbuch zur deutschen Rechtsgeschichte, 1. Auflage, Band IV, 1990, Spalte 92; Cordes, Artikel „Publizität", Lexikon des Mittelalters, Band VII, 1995, Spalte 318; Crome, System des Deutschen Bürgerlichen Rechts, Dritter Band, 1905, S. 83 ff.; Wolff/Raiser, Sachenrecht, 10. Auflage 1957, § 4 II 4, S. 22 ff.; Baur/Stürner, Sachenrecht, 18. Auflage 2009, § 4, Rn. 9 ff., § 15, Rn. 53 ff.; Wilhelm, Sachenrecht, 6. Auflage 2019, Rn. 33 ff.; Wieling, Sachenrecht, Band I, 2. Auflage 2006, § 1 II 4 d, S. 23 ff.; Müller/Gruber, Sachenrecht, 5. Auflage 2016, Rn. 70 ff.; Westermann/Gursky/Eickmann, Sachenrecht, 8. Auflage 2011, § 2, Rn. 5. Außerdem Lieder, Die rechtsgeschäftliche Sukzession, 2015, S. 366 f.: „Ein in diesem Sinne verstandenes Publizitätsprinzip bereitet … Schwierigkeiten. … [Seine] rechtspolitische Sinnhaftigkeit muss … insgesamt zweifelhaft erscheinen." Füller, Eigenständiges Sachenrecht?, 2006, S. 244: „das Publizitätsprinzip (ist) begrifflich unklar." Die Existenz bzw. Geltung des Publizitätsprinzips werden nur selten insgesamt bestritten, so aber Ernst Wolf, Lehrbuch des Sachenrechts, 2. Auflage 1979, S. 8 oben.

108 Natürlich können auch Urkunden zu Registern zusammengefasst werden und kann es beim beweisrechtlichen öffentlichen Glauben der einzelnen Urkunden bleiben. Vgl. etwa zu den braunschweigischen Erbregistern Scholz, Juristisches Magazin neue Folge für das bürgerliche und Strafrecht mit besonderer Rücksicht auf das Bauernrecht 1 (1836), Viertes Heft, S. 113, 119 f. (Dorfbeschreibungen haben unter gewissen Voraussetzungen „öffentlichen Glauben", d. h. sie erbringen dann „vollen Beweis", gegen den aber ein „Gegenbeweis" möglich

Rechte gegen den (scheinbaren) Erwerber geltend zu machen, so dass ihm im Falle des Unterlassens angelastet werden kann, er habe von den Möglichkeiten, sein Recht gegen erkennbare Gefahren zu schützen, keinen Gebrauch gemacht, weshalb er nun nur noch eingeschränkt oder überhaupt nicht mehr schutzwürdig sei. Im geltenden Recht kann sich so z. B. jeder, der sein Recht an einem Grundstück für nicht richtig eingetragen hält, durch einen Widerspruch gemäß § 899 BGB vor späteren Folgen des öffentlichen Glaubens nach § 892 schützen. Wer einen redlichen Erwerb ihm abhandengekommener[109] Inhaberpapiere durch einen Kaufmann, der nach § 935 II grundsätzlich möglich ist, verhindern möchte, kann das gemäß § 367 HGB unter bestimmten Voraussetzungen durch eine Bekanntmachung im Bundesanzeiger tun; auch dieser Schutzmechanismus zugunsten des wahren Berechtigten ist „auf dem Publizitätsgedanken aufgebaut".[110]

Bei der Verschweigung im mittelalterlichen und neuzeitlichen Recht konnte derjenige, der eine verlautbarte Rechtsänderung für nicht rechtmäßig hielt, diese noch nachträglich durch einen Widerspruch anfechten (beides, Widerspruch und Anfechtung, natürlich nicht technisch im Sinne des BGB zu verstehen); wer von dieser Möglichkeit nicht fristgerecht Gebrauch machte, hatte sich verschwiegen und konnte sein Recht nicht mehr geltend machen, soweit das mit der verlautbarten Rechtsänderung unvereinbar gewesen wäre.[111] Eintragungen in Stadtbüchern[112] (z. B. statt vieler

---

bleibt); Steinacker, Particulares Privatrecht des Herzogthums Braunschweig, 1843, S. 474: Erbregister „haben plenam fidem" im Sinne besonderer Beweiskraft. Ferner Estor, Deutsche Rechtsgelahrheit, Dritter Teil, 1767, S. 737: „Ein … lager-flur-grundbuch hat, als eine öffentliche urkunde, völligen glauben …"

109 Zur sehr weiten Auslegung dieses Tatbestandsmerkmals des § 367 HGB (bzw. wohl eher zu einer analogen Anwendung der Norm) vgl. MünchKommHGB/Welter, 4. Auflage 2018, § 367, Rn. 11.

110 Schultze, Jherings Jahrbücher für die Dogmatik des bürgerlichen Rechts 49 (1905), 159, 183; skeptisch Hübner, Der Rechtsverlust im Mobiliarsachenrecht, 1955, S. 152.

111 Vgl. Erler, Artikel „Verschweigung", Handwörterbuch zur deutschen Rechtsgeschichte, 1. Auflage, Band V, 1998, Spalte 809 f.; Immerwahr, Die Verschweigung im deutschen Recht, 1895, zusammenfassend S. 2; Schulte, Die Verschweigung in den Kölner Schreinsurkunden des 12. bis 14. Jahrhunderts, Dissertation Köln 1966, S. 3; Dünkel, Öffentliche Versteigerung und gutgläubiger Erwerb, 1970, S. 9 f.; Buchholz, Abstraktionsprinzip und Immobiliarrecht, Zur Geschichte der Auflassung und der Grundschuld, 1978, S. 24 f.

112 Vgl. Klötzer, Artikel „Stadtbuch", Handwörterbuch zur deutschen Rechtsgeschichte, 1. Auflage, Band IV, 1990, Spalte 1849 ff.; Kintzinger, Artikel „Stadtbü-

den Kölner Schreinskarten und -büchern[113]) und Landtafeln[114] kam eine zunehmend stärkere Beweiskraft zu,[115] bis sie insbesondere in einem späteren Stadium der Entwicklung auch unwiderlegbar sein konnten, das allerdings i. d. R. eben erst nach Ablauf einer gewissen Zeit, während der die Eintragung unwidersprochen geblieben war, also nach Verschweigung des Betroffenen.[116] Die Verschweigung führt anders als der öffentliche Glaube nach § 892 BGB zur Wirksamkeit der zu Unrecht eingetragenen Rechtsän-

---

cher", Lexikon des Mittelalters, Band VIII, 1997, Spalte 12 f.; Kroeschell/Cordes/Nehlsen-v. Stryk, Deutsche Rechtsgeschichte, Band 2, 9. Auflage 2008, S. 57 ff.

113 Vgl. Becker, Artikel „Schreinsbuch, Schreinskarte", Handwörterbuch zur deutschen Rechtsgeschichte, 1. Auflage, Band IV, 1990, Spalte 1496 ff.; Herborn, Artikel „Schreinswesen, -buch, -karte", Lexikon des Mittelalters, Band VII, 1995, Spalte 1557 ff.

114 Vgl. Brauneder, Artikel „Landtafel", Handwörterbuch zur deutschen Rechtsgeschichte, 2. Auflage, Band III, 2016, Spalte 610 f.

115 Vgl. Conrad, Liegenschaftsübereignung und Grundbucheintragung in Köln während des Mittelalters, 1935, S. 153 ff.; Kroeschell/Cordes/Nehlsen-v. Stryk, Deutsche Rechtsgeschichte, Band 2, 9. Auflage 2008, S. 70 ff.; Ebel, Lübisches Recht, Erster Band, 1971, S. 427 ff.; Hähnchen, Rechtsgeschichte, 5. Auflage 2016, Rn. 308, 314 ff.; Conrad, Deutsche Rechtsgeschichte, Band I, 2. Auflage 1962, S. 429; Schröder/v. Künßberg, Lehrbuch der deutschen Rechtsgeschichte, 7. Auflage 1932, S. 767 ff.; Planitz, Das deutsche Grundpfandrecht, 1936, S. 150 f., 156 f.; Planitz, Grundzüge des deutschen Privatrechts, 2. Auflage 1931, S. 70 f.; Köbler, Deutsche Rechtsgeschichte, 6. Auflage 2005, S. 126. Nicht ganz klar Schmoeckel, Auf der Suche nach der verlorenen Ordnung, 2005, S. 132 f.: „Im 13. Jahrhundert kam den Eintragungen im Schrein eine fast unumstößliche Beweiskraft zu. ... Erwerber konnten hoffen, durch Einsichtnahme in das Verzeichnis, vor unerwarteten Widersprüchen von Dritten geschützt zu sein." War eine solche Hoffnung rechtlich (nicht) begründet?

116 Vgl. Bresslau, Handbuch der Urkundenlehre für Deutschland und Italien, Erster Band, 1889, S. 551 ff.; Immerwahr, Die Verschweigung im deutschen Recht, 1895, S. 47 f.; Conrad, Liegenschaftsübereignung und Grundbucheintragung in Köln während des Mittelalters, 1935, S. 155 ff.; Schulte, Die Verschweigung in den Kölner Schreinsurkunden des 12. bis 14. Jahrhunderts, Dissertation Köln 1966, S. 17 ff., 43 ff.; Buchholz, Abstraktionsprinzip und Immobiliarrecht, Zur Geschichte der Auflassung und der Grundschuld, 1978, S. 58 ff., 81 ff., 95 ff.; Schröder/v. Künßberg, Lehrbuch der deutschen Rechtsgeschichte, 7. Auflage 1932, S. 787 ff.; Conrad, Deutsche Rechtsgeschichte, Band I, 2. Auflage 1962, S. 429. Wo die Eintragung ohne anschließende Verschweigung, die Verstreichen einer nennenswerten Frist erfordert, sofort unwiderlegbar war, handelt es sich um frühe Erscheinungsweisen oder Vorformen der Formalakte, deren Wirkung später auch theoretisch erfasst wurde, vgl. unten 11. zur Formalaktstheorie. Der Verschweigung und Formalakten zugrundeliegende Gedanke kann derselbe sein, nämlich nicht rechtzeitige Geltendmachung eines Rechts, nur wird bei Formalakten die Frist zur Wahrung widersprechender Rechte nach der Eintra-

derung selbst, wirkt also zugunsten des ersten Eingetragenen, während der öffentliche Glaube erst Rechtsänderungen zugunsten Dritter im Vertrauen auf eine zuvor erfolgte unrichtige Eintragung ermöglicht.[117]

---

gung auf null verkürzt. Vgl. Ebel, Lübisches Recht, Erster Band, 1971, S. 436 ff.: „Die Unanfechtbarkeit der vor dem Rat vorgenommenen Erklärungen (Rechtsgeschäfte) beruhte ... auf dem Urteilscharakter, der [sic] ihre Bestätigung durch den Rat besaß. Infolge unterlassener Urteilsschelte – des Widerspruchs (bisprake) seitens eines besser Berechtigten – erhielten sie Unscheltbarkeit, deren Folge erst wieder die Unwiderleglichkeit durch anderes Zeugnis war. ... Im übrigen setzte das Friedewirken ... voraus, dass in der öffentlichen Verhandlung kein Widerspruch gegen die Verfügung erhoben worden war. ... Damit diejenigen, die sich als Näherberechtigte zum Widerspruch berechtigt glaubten, ihre bisprake auch wirklich anzubringen Gelegenheit bekamen, mußte bei jeder Auflassung die Öffentlichkeit gewahrt bleiben ...“

117 Vgl. die Abgrenzung der materiellen Publizität („Rechtskraft des Hyp.-Buches“) von der Verschweigung bei Regelsberger, Studien im bayerischen Hypothekenrechte, 1872, S. 89 ff.; Regelsberger, Das Bayerische Hypothekenrecht, 1874, S. 138 f. (auch Abgrenzung von der Ersitzung); Kiehnle, Der Erwerb kraft öffentlichen Glaubens in der württembergischen Pfandgesetzgebung von 1825/1828 und im Bürgerlichen Gesetzbuch, 2004, S. 23. Aufgrund ihrer extremen Verkürzung daher missverständlich Formulierungen wie die von Laufs, Rechtsentwicklungen in Deutschland, 6. Auflage 2006, S. 41: „Die Kölner Schreinsbücher zum Liegenschaftsverkehr mit ihrem öffentlichen Glauben, Vorläufer unserer Grundbücher ...“ Vgl. auch Conrad, Liegenschaftsübereignung und Grundbucheintragung in Köln während des Mittelalters, 1935, S. 162: „Von einem öffentlichen Glauben des kölnischen Grundbuchs ... kann man ... nicht vorbehaltlos sprechen; denn das Widerspruchsverfahren sicherte ... binnen Jahr und Tag jedem durch die Eintragung in seinen Rechten Beeinträchtigten die Möglichkeit, seine Ansprüche gegenüber dem unrechtmäßigen Erwerber geltend zu machen.“ Die Unterscheidung zwischen einem Schutz des falsch Eingetragenen und einem Schutz erst der Rechtsnachfolger des falsch Eingetragenen findet sich auch in anderen Rechtsordnungen, vgl. Raff, European Property Law Journal 2012, 54, 78 zur „deferred indefeasibility" oder „immediate indefeasibility“ im australischen Recht: „Under the doctrine of deferred indefeasibility one´s title to land does not gain full protection of registration until one transfers it to someone else.“ Dagegen bedeutet „immediate indefeasibility“, „that the register is regarded as conclusive of what it states ... from the moment of registration ..." Zu beiden Formen der "indefeasibility" auch O'Connor, Edinburgh Law Review 13 (2009), 194, 196 f.; Reid in Schmoeckel (Hrsg.), Übertragung von Immobilienrechten im internationalen Vergleich, 2018, S. 209, 229 f. In England scheint man anfänglich bisweilen überhaupt nur an den Schutz späterer Rechtsnachfolger gedacht zu haben, vgl. Edwards, Shall We Register Title?, London 1863, S. 74: „Indefeasibility ... is only given for the protection of persons dealing with the registered owner ...“ Den Gedanken, dass der erste selbst falsch Eingetragene nicht geschützt wird, kann man auch dadurch zum Ausdruck bringen, dass man vom Schutz Dritter (an dieser ersten

### *b) „Öffentliche Pfandrechte" im gemeinen Recht*

Zunächst aber muss man beachten, dass im gemeinen Recht aufgrund C 8, 17, 11 von öffentlichen oder zumindest quasi-öffentlichen Pfandrechten gesprochen wurde, die allein wegen des Umstandes, dass sie durch besonders glaubwürdige, nämlich öffentliche oder quasi-öffentliche Urkunden bewiesen wurden, Vorrang vor anderen, so genannten Privatpfandrechten genossen. In diesem Zusammenhang wurde, wenig überraschend, auf den „öffentlichen Glauben" der beweisenden Urkunden, also deren besondere Beweiskraft, verwiesen.[118] Insbesondere in Deutschland wurde die ohnehin nicht ganz klare Lehre von diesen öffentlichen Pfandrechten dadurch weiter kompliziert, dass man vielfach unter einem öffentlichen Pfandrecht an Immobilien auch oder nur ein solches verstand, das gerichtlich bestätigt, also von einem Gericht zumindest protokolliert oder weitergehend hinsichtlich seiner Entstehungsvoraussetzungen geprüft wurde und nach einer engeren Auffassung zusätzlich in ein gerichtlich geführtes Buch eingetragen wurde. Die aus diesen unterschiedlichen Begriffen resultierende Verwirrung war nicht unerheblich, wurde aber immerhin dadurch etwas gelindert, dass man das römische öffentliche Pfandrecht (bewiesen durch öffentliche Urkunden) vom deutschen öffentlichen Pfandrecht (unter Beteiligung eines Gerichts, in der Regel aufgrund richterlicher Prüfung dokumentiert und gegebenenfalls sogar von der Eintragung in ein dafür vorgesehenes Buch abhängig) unterschied.[119]

---

falschen Eintragung nicht Beteiligter) spricht, wie das z. B. Art. 34 des spanischen Hypothekengesetzes (Ley Hipotecaria) tut: „El tercero que de buena fe adquiera a título oneroso algún derecho de persona que en el Registro aparezca con facultades para transmitirlo, será mantenido en su adquisición …" (Übersetzung: „Der Dritte, der gutgläubig entgeltlich ein Recht von einer Person erwirbt, die im Register als verfügungsberechtigt erscheint, wird in seinem Erwerb geschützt …").

118 Vgl. etwa Thibaut, System des Pandekten-Rechts, Zweyter Band, 1803, § 876, S. 102 (oder 7. Auflage 1828, § 659, S. 99); Glück, Ausführliche Erläuterung der Pandecten, Teil 18, Zweite Abteilung, 1817, S. 286 ff.; Wächter, Geschichte, Quellen und Literatur des Württembergischen Privatrechts, Erste Abtheilung, 1839, S. 555 ff.

119 Glück, Ausführliche Erläuterung der Pandecten, Teil 18, Zweite Abteilung, 1817, S. 293 ff., zusammenfassend vergleichend S. 301; Dernburg, Das Pfandrecht nach den Grundsätzen des heutigen römischen Rechts, Zweiter Band, 1864, S. 425 ff. Exemplarisch zum Problem, im jeweiligen Partikularrecht zu ermitteln, was nun jeweils mit dem Begriff „öffentliches Pfandrecht" gemeint sein soll, solange es an hinreichend klaren modernen gesetzlichen Vorschriften mit dem Anspruch, die Frage abschließend zu regeln, fehlt, Wächter, Geschichte,

### *c) Die Öffentlichkeit der Hypothekenbücher*

Eine frühe, gründliche Auseinandersetzung mit der Bedeutung der öffentlichen Bücher findet sich bei Gönner 1819 in den Motiven zum Entwurf einer bayerischen Hypothekenordnung und 1823 im Kommentar zum bayerischen Hypothekengesetz, also außerhalb Preußens, dessen Bedeutung für die Entwicklung des öffentlichen Glaubens oft überschätzt wird.[120] In den Motiven führt Gönner zunächst aus, die „Publicität der Hy-

---

Quellen und Literatur des Württembergischen Privatrechts, Erste Abtheilung, 1839, S. 574-596, m. w. N. Vgl. zu der unterschiedlichen Verwendung des Begriffs in den Bemühungen um eine Reform des württembergischen Pfandrechts auch Kiehnle, Der Erwerb kraft öffentlichen Glaubens in der württembergischen Pfandgesetzgebung von 1825/1828 und im Bürgerlichen Gesetzbuch, 2004, S. 30 ff., m. w. N., insbesondere S. 32, Fn. 17, S. 36, Fn. 31 f., S. 125, Fn. 211.

120 Exemplarisch Fehrenbacher, Registerpublizität und Haftung im Zivilrecht, 2004, S. 232: „War die Eintragung für den rechtlichen Bestand der Hypothek zunächst lediglich erforderlich, um rechtliche Wirksamkeit zu erlangen, wurde ihr durch das PrALR öffentlicher Glaube verliehen.“ Plathner, Die Grundzüge der Preußischen Hypothekar-Verfassung und deren Umsturz durch die neuere Rechtswissenschaft, 1856, S. 14 f.: Das ALR „hat ... den Grundsatz von dem unbedingten Glauben des Hypothekenbuchs in seiner ganzen Consequenz ... anerkannt“ und „in Ausführung gebracht“. Wesentlich zurückhaltender zu Recht etwa v. Reibnitz, Der öffentliche Glaube des Erbscheins im Vergleich mit dem öffentlichen Glauben des Grundbuchs, Dissertation Rostock 1902, S. 18 f.: „eine fertig ausgebildete Theorie des öffentlichen Glaubens des Hypothekenbuchs finden wir im Landrecht noch nicht. ... so finden wir ... weder in der Hypothekenordnung vom 20. Dezember 1783, noch im Allgemeinen Landrecht einen Rechtssatz, der den Begriff des öffentlichen Glaubens feststellt.“ Meyer, (Gruchots) Beiträge zur Erläuterung des deutschen Rechts 20 (1876), 426, 426 f., hält es sogar für „befremdlich“, „daß in keinem Gesetzbuche ... dieses fundamentale Princip des öffentlichen Glaubens durch einen Rechtssatz ausdrücklich zur Anerkennung gebracht, oder auch nur der Begriff des öffentlichen Glaubens autentisch [sic!] festgestellt ist“. Weder in der Allgemeinen Hypotheken-Ordnung für die gesammten Königlichen Staaten (gedruckt 1784) noch im ALR wird der Begriff öffentlicher Glaube in einem § 892 BGB vergleichbaren Sinne verwendet; das entsprechende Konzept ist dem ALR in Einzelfällen (in denen bisweilen der „Glaube des Hypothekenbuches“ erwähnt wird, vgl. ALR I 9 § 450, I 18 §§ 85, 260, I 20 § 522, I 21 § 73), der Hypotheken-Ordnung hingegen überhaupt nicht bekannt. Zwar sieht die Hypotheken-Ordnung die Führung halböffentlicher (Erster Titel, §§ 72-74: die Gerichte haben zur Entscheidung über die Einsicht zu „erwägen: ob der Ansuchende ein würkliches Recht, und gegründetes Interesse dabey habe“) Hypothekenbücher vor, für deren Korrektheit die zuständigen Stellen haften (Erster Titel, §§ 76 ff.), wer außerhalb einer Zwangsversteigerung Eigentum an einem Grundstück erwirbt, ist vor der Gel-

potheken durch den Eintrag in öffentliche Bücher" bestehe darin, „daß alle auf einer bestimmten Sache haftenden Hypotheken in ein Buch eingetragen werden, dessen Einsicht einem jedem [sic!], der dabey ... ein Interesse hat, über die auf der Sache haftenden Hypotheken belehrt, und in den Stand setzt, ... mit voller Sicherheit ... zu handeln."[121] Die Hypothekenbücher sollen also öffentlich im Sinn von frei einsehbar sein, vgl. § 24 Hypothekengesetz. Die „Publizität der Hypotheken" soll sich aber nicht in dieser heute formelle Publizität[122] genannten Öffentlichkeit der Bücher erschöpfen, sondern aufgrund der Bücher soll jeder Interessent „mit voller

---

tendmachung des Rechts des wahren, nicht eingetragenen Eigentümers aber nur sicher, wenn er ein besonderes Aufgebotsverfahren durchführen hat lassen (Zweiter Titel, §§ 92 ff.; vgl. Plathner, Juristische Monatsschrift für Preußisches Recht und dessen Praxis, 1855, 449, 451 f.; ders., Die Grundzüge der Preußischen Hypothekar-Verfassung und deren Umsturz durch die neuere Rechtswissenschaft, 1856, S. 13 f.), und wer sich eine Hypothek bestellen lassen will, kann diese nur dann mit Gewissheit erlangen, wenn er von einem wie beschrieben seinerseits abgesicherten Eigentümer erwirbt (Zweiter Titel, § 103); auch der eingetragene Hypothekar ist in der Regel auf Ansprüche gegen die Mitglieder der buchführenden Behörde angewiesen (vgl. Zweiter Titel, §§ 169 ff.). Lediglich der Zessionar einer nicht valutierten Hypothek kommt in den Genuss des öffentlichen Glaubens nach Zweiter Titel, §§ 175 ff., insbesondere § 181, den Vorschriften, die heute noch für die Entstehungsgeschichte des § 1139 BGB von Interesse sind (vgl. Kiehnle, Der Erwerb kraft öffentlichen Glaubens in der württembergischen Pfandgesetzgebung von 1825/1828 und im Bürgerlichen Gesetzbuch, 2004, S. 459 f.). Zuzugeben ist allerdings, dass die Möglichkeit, sich gegen eine Beeinträchtigung seines nicht eingetragenen Rechts durch Eintragung einer Protestation zu sichern (Zweiter Titel, §§ 298 ff.), die Idee impliziert, ohne Protestation müsse der nicht eingetragene Berechtigte solche Beeinträchtigungen hinnehmen. Savigny hat in seiner Landrechtsvorlesung von 1824 zwar erwähnt, dass der gutgläubige Gläubiger, der sich vom im Hypothekenbuch als Eigentümer eingetragenen Nichtberechtigten eine Hypothek bestellen lässt, diese gemäß ALR I 10 §§ 7 ff. und 20 § 410 wirksam erwirbt (Wollschläger [Hrsg.], Landrechtsvorlesung 1824, Drei Nachschriften, 1994, S. 268 f., 387, linke Spalte unten), nach genaueren Ausführungen zum öffentlichen Glauben oder zur Publizität (vgl. S. 416 unten: „Publicität des Pfandrechts, so daß die Existenz desselben jedem Dritten ersichtlich ist", ein Bezug zum Erwerb kraft öffentlichen Glaubens wird nicht hergestellt) der Hypothekenbücher sucht man aber vergeblich.

121 Gönner, Motive zu dem Entwurfe der allgemeinen Hypotheken-Ordnung für das Königreich Baiern, 1819, S. 18.

122 Baur/Stürner, Sachenrecht, 18. Auflage 2009, § 15, Rn. 55 ff.; Schmidt, Handelsrecht, Unternehmensrecht I, 6. Auflage 2014, § 13, Rn. 30; Fehrenbacher, Registerpublizität und Haftung im Zivilrecht, 2004, S. 199 ff., 213 ff., 238 ff., 272 ff. So schon Regelsberger, Studien im bayerischen Hypothekenrechte, 1872, S. 80 ff. („formelle Oeffentlichkeit"); Regelsberger, Das Bayerische Hypotheken-

Sicherheit ... handeln" können. Gönner erklärt dazu: „Die Folgen der Publicität beschränken sich ... nicht auf das Recht, die Bücher einzusehen, sondern sie bestehen vielmehr vorzüglich darin, daß nur nach den Einträgen, wie sie im Hypothekenbuche stehen, Rechte erworben werden können, daß jede im Vertrauen auf diese Einträge vorgenommene Handlung alle derselben gemäße Wirkungen hervorbringt, unabhängig von dem, was etwa unter den Betheiligten im geheimen vorging ..."[123] Die formelle Publizität wird also durch die heute so genannte materielle ergänzt;[124] diese ist „Haupt-Rechtsfolge der Publicität, ein Grundsatz, der das ganze Hypo-

---

recht, 1874, S. 134 f.; Römer, Das Württembergische Unterpfandsrecht, 1876, S. 11 („öffentlich ... in formalem Sinne"); Adler, Das Publicitäts-Princip im österreichischen Tabularrechte, 1899, S. 3, Fn. 3 („Publicitäts-Princip ... im formellen Sinne"). In den Verhandlungen des 3. Deutschen Juristentages wurde das Einsichtsrecht noch als „subjektive" Publizität bezeichnet, vgl. Erster Band, 1862, S. 74 f. (Gutachten v. Kerstorf). Colberg, Ueber die Bedeutung des öffentlichen Glaubens des Hypothekenbuchs nach A.L.R. ..., 1877, S. 2 f., spricht von „Publicität im Sinne des Offenseins". Vgl. auch allgemeiner Rinken, Artikel „Öffentlichkeit", Görres-Gesellschaft (Hrsg.), Staatslexikon, 7. Auflage, Band IV, 1988, Spalte 138, 139: Öffentlichkeit „bezeichnet die Tatsache des Offenseins, der Allgemeinzugänglichkeit, den Zustand formeller Publizität." Mayer, Grünhuts Zeitschrift für das Privat- und öffentliche Recht der Gegenwart 32 (1906), 245, 246: „die ... allgemeine Erkennbarkeit, die allgemeine Wahrnehmbarkeit, die allgemeine Zugänglichkeit gewisser Rechtsvorgänge und Rechtsverhältnisse erschöpft das Wesen der formellen Publizität." Einen eigenständigen Begriff der „formellen Publizitätswirkung" schlägt für das schweizerische Recht Vogt, Der öffentliche Glaube des Handelsregisters, 2003 (zugleich Dissertation Zürich 2001), § 1, Rn. 57 ff., vor: es handle sich um „die Wirkung, dass Dritte um das eingetragene rechtliche Verhältnis zu wissen ... bzw. nicht zu wissen brauchen ..." Vgl. weiter § 4, Rn. 3.

123 Gönner, Motive zu dem Entwurfe der allgemeinen Hypotheken-Ordnung für das Königreich Baiern, 1819, S. 24, Nr. 9.

124 Vgl. so schon Regelsberger, Studien im bayerischen Hypothekenrechte, 1872, S. 80 f. („materieller Begriff" und „materielles Prinzip der Oeffentlichkeit"), der freilich den Begriff „Rechtskraft des Hyp.-Buches" bevorzugt (S. 88); Regelsberger, Das Bayerische Hypothekenrecht, 1874, S. 135 ff., wo nicht mehr auf dem Ausdruck „Rechtskraft" beharrt wird (vgl. allerdings immerhin S. 138, Fn. 5; Vogt, Der öffentliche Glaube des Handelsregisters, 2003 [zugleich Dissertation Zürich 2001], § 1, Rn. 60 ff., § 9, Rn. 14 ff., erklärt die Wirkung des öffentlichen Glaubens nach geltendem schweizerischen Recht als „materielle Rechtskraftwirkung"); Römer, Das Württembergische Unterpfandsrecht, 1876, S. 11 ff., 13: „das Princip der Oeffentlichkeit (im materiellen Sinne), des öffentlichen Glaubens (publica fides)" bestimmter Bücher. Ausgehend vom Immobiliarsachenrecht werden die Begriffe der Publizität/Öffentlichkeit und des Publizitätsprinzips im Lauf der Zeit auf andere Register wie das Handelsregister übertragen, vgl. Mayer, Grünhuts Zeitschrift für das Privat- und öffentliche Recht der Ge-

theken-Recht durchdringt".[125] „Dieses ist eben die wichtigste ... Seite der Publizität der Hypothekenbücher, daß sie einen [sic!] jeden Interessenten den ganzen Zustand des Hypothekenwesens vor Augen legen, und ihm möglich machen, darnach seine ... Rechts-Geschäfte einzurichten."[126] Setzt man das in Bezug zu Gönners Bemerkung, für die „Oeffentlichkeit der Hypothekenbücher" sei „von hoher Bedeutung", dass sie „unter amtlichen [sic!] Glauben (sub fide publica vel judiciali) geführt" werden (vgl. § 21 des Hypothekengesetzes), weil es „(manches) Buch oder Register" gebe, das „öffentlich geführt (wird) ... und ... doch die volle Beweiskraft einer amtlichen Urkunde nicht (hat)",[127] liegt der Gedanke nahe, dass redliche Dritte nicht nur im Vertrauen auf die Inexistenz nicht eingetragener

genwart 32 (1906), 245, 286 f.; Merkt, Unternehmenspublizität, 2001, S. 80, mit Fn. 264. Im Handelsrecht waren diese Begriffe allerdings noch Ende des 19. Jahrhunderts nicht fest etabliert, vgl. etwa Behrend, Lehrbuch des Handelsrechts, Erster Band, Abtheilung I, 1886, der zwar § 39 (S. 226 ff.) mit „Publicität. Handelsregister" überschrieben hat und in der Sache, wenn auch ohne den Begriff die negative Publizität des Registers behandelt (S. 238 f.), dann aber (S. 241, Fn. 63) zurückhaltend formuliert: „Von einer publica fides des H.R.'s im materiellen Sinn läßt sich höchstens negativ sprechen ..." Vorsichtig auch Mayer, Grünhuts Zeitschrift für das Privat- und öffentliche Recht der Gegenwart 32 (1906), 245, 358: „Da ... ein dem gleichnamigen Institut im Grundbuchrechte inhaltlich analoges Publizitätsprinzip im Handelsrecht nur bezüglich der negativen Seite desselben besteht, rechtfertigt es sich, wenn nur von einem ‚sogenannten Publizitätsprinzip' im Handelsrechte gesprochen wird." Sehr weitgehend für ein umfassendes Prinzip der Publizität des Handelsregisters in offensichtlicher Anlehnung an das (bayerische) Hypothekenrecht jedoch Anschütz/v. Völderndorff/v. Völderndorff, Kommentar zum Allgemeinen Deutschen Handelsgesetzbuche, Erster Band, 1868, S. 108 ff. (108: „Jede im Vertrauen auf den veröffentlichten Inhalt des Handelsregisters vorgenommene Handlung ... bringt in Ansehung desjenigen, welcher nach den im Register befindlichen Einträgen, und im guten Glauben gehandelt hat, alle jene rechtlichen Wirkungen hervor, welche der vorgenommenen Handlung nach jenen Einträgen entsprechen." – Ersetzt man „Handelsregister" durch „Hypothekenbuch", entspricht dieser Satz nahezu wörtlich § 25 des bayerischen Hypothekengesetzes.). Völderndorff schloss sich Herzog, Blätter für Rechtspflege in Thüringen und Anhalt 17 (1870), 217, 218 ff. an.

125 Gönner, Motive zu dem Entwurfe der allgemeinen Hypotheken-Ordnung für das Königreich Baiern, 1819, S. 58.

126 Gönner, Motive zu dem Entwurfe der allgemeinen Hypotheken-Ordnung für das Königreich Baiern, 1819, S. 59.

127 Gönner, Motive zu dem Entwurfe der allgemeinen Hypotheken-Ordnung für das Königreich Baiern, 1819, S. 53 f. Vgl. zur Bedeutung dieses amtlichen Glaubens auch schon S. 24, Nr. 7: „Die Hypothekenbücher werden ... unter amtlichen [sic!] Glauben von jener Behörde geführt, welcher die unstreitige Gerichts-

Rechte, sondern auch im Vertrauen auf die Richtigkeit des Buchinhalts geschützt werden sollen, denn auch ohne öffentliche Buchführung im Sinne einer „amtlichen" läge es nahe, denjenigen, der nicht selbst für die allgemein zugängliche Bekanntmachung seines Rechts sorgt, als weniger schutzwürdig zu qualifizieren als denjenigen, der aufgrund der allgemeinen Möglichkeit, Rechte publik zu machen, davon ausgeht, dass tatsächlich alle bestehenden Rechte auch so verlautbart werden. Negative Publizität im Sinne einer Fiktion der Vollständigkeit eines Registers, d. h. des Nichtbestehens nicht eingetragener Rechte zugunsten redlicher Dritter, lässt sich in anderen Worten allein mit der freien Zugänglichkeit des Registers, also mit seiner formellen Publizität begründen, sofern jeder Berechtigte sein Recht ohne größere Hindernisse eintragen lassen kann.[128] Gönner fährt nun zwar mit der Erklärung fort, die Öffentlichkeit der Bü-

---

barkeit über die Sache zustehet, worauf Hypotheken eingetragen werden sollen. Dieser amtliche Glauben garantirt das Institut."

128 Vgl. zu § 892 BGB Kiehnle, Der Erwerb kraft öffentlichen Glaubens in der württembergischen Pfandgesetzgebung von 1825/1828 und im Bürgerlichen Gesetzbuch, 2004, S. 224 ff.; zu § 15 I HGB Schmidt, Handelsrecht, Unternehmensrecht I, 6. Auflage 2014, § 14, Rn. 19: „Da ... die Registergerichte ... die Richtigkeit von Eintragungen nur sehr eingeschränkt gewährleisten können, legt der Gesetzgeber die Pflege der in eigener Sache vorzunehmenden Registereintragungen in die Hand der betroffenen Unternehmen." Zur negativen Publizität des Vereins-, des Güterrechts-, des Genossenschafts- und des Handelsregisters Westermann, JuS 1963, 1, 4 (vgl. auch 5, Nr. 6, 6 f., Nr. 3): „Angesichts der eigenartigen Beschränkung des Gutglaubensschutzes kann nicht der staatliche Hoheitsakt als die Grundlage des Gutglaubensschutzes bezeichnet werden ...; grundlegend ist vielmehr die Überlegung, daß jeder die ihn betreffende Registereintragung bei einer Änderung der Rechtslage ändern lassen wird." Pauschal Efe, Die Hypothek im Spannungsfeld zwischen sachenrechtlicher Theorie und Rechtsanwendung, 2016, S. 63: die „Benachteiligung" des wahren Berechtigten durch den öffentlichen Glauben werde dadurch „gerechtfertigt", dass er „für die Richtigkeit des Grundbuches ... sorgen" könne; S. 186: er habe „die mit [sic!] dem Grundbuch widersprechende tatsächliche Rechtslage [gemeint ist offenbar: den Widerspruch zwischen Grundbuchinhalt und materieller Rechtslage] doch irgendwie veranlasst ..., indem er ... eine Grundbuchkorrektur ... nicht ... herbeiführt." Wenig überzeugend Thomale/Schüßler, ZfPW 2015, 454, 457, wonach „öffentliche Register vielfach ... die Sicherstellung der Vollständigkeit ... durch das Registergericht (verbürgen)." Vgl. aber auch 467: auch in „der Fallgruppe des Rechtsscheins aus öffentlichem Glauben" sei der Rechtsschein dem „Rechtsverlierer" zuzurechnen, denn die GBO stelle „grundsätzlich sicher, dass ... die Rechtsscheinsgrundlage ... auf dem Bewilligungsakt des Rechtsverlierers fußt"; fürs Handelsregister ergebe sich eine Zurechnung aus der Pflicht zur Anmeldung einzutragender Tatsachen (Fn. 64). Originell Thomale, JuS 2010, 857, 859: der Rechtsschein der Erbenstellung des im Erbschein als Erben Bezeichne-

cher beziehe sich „nicht auf deren äußere Glaubwürdigkeit, sondern mehr auf die Folgen ihres materialen Inhaltes, so ... daß der Ausdruck öffentliche Bücher, ohne Beysaz ihres amtlichen Glaubens, eine juristische Zweydeutigkeit wäre“,[129] betont aber letztlich doch viel stärker das Unterlassen des Berechtigten, der nicht für Eintragung seines Rechts gesorgt hat: „Jede Unterlassung schadet dem der sich deren schuldig machte, der Cessionar also, welcher den Eintrag der Cession unterlassen hat, muß es anerkennen, wenn der Schuldner demjenigen die Zahlung leistet, den das Hypothekenbuch als Gläubiger nennt ... (Ein) Rechtsgeschäft (kann) ... gegen einen Dritten ... nur ... Kraft der Inscription geltend gemacht werden.“[130] Da dem Unterlassenden Beeinträchtigung seines Rechts droht, werden „gesetzliche Bestimmungen nothwendig über die Mittel, diese Nachtheile für den sehr frequenten Fall abzuwenden, daß Jemand ein Recht hat, woran er durch die Handlung eines Dritten nach den Einträgen, wie sie im Hypothekenbuche eben stehen, verkürzt werden könnte, daß er aber dieses Rechtes wegen noch nicht alle Bedingungen der förmlichen Inscription zu erfüllen vermag, ihm also ein provisorisches Mittel, die Gefahr abzuwenden, unentbehrlich ist. Dieses Mittel ist eine im Hypothekenbuche an der gehörigen Stelle vorzumerkende Protestation.“[131] Ist beispielsweise die befreiende Wirkung einer Leistung des Schuldners an den eingetragenen Zedenten damit zu begründen, dass der Zessionar sein Recht nicht durch eine vorläufige Protestation, also eine Vormerkung und/oder Widerspruch

---

ten sei „dem Erben zurechenbar, weil er für die Nachlässigkeit des Erblassers einstehen muss, mögliche Zweifel über die Erbnachfolge nicht – zum Beispiel durch ein öffentliches Testament – ausgeräumt zu haben.“ Soll § 2366 BGB also nicht eingreifen, wenn der Erbschein einen anderen als den durch wirksames öffentliches Testament zum Erben Eingesetzten als Erben ausweist?

129 Gönner, Motive zu dem Entwurfe der allgemeinen Hypotheken-Ordnung für das Königreich Baiern, 1819, S. 54.

130 Gönner, Motive zu dem Entwurfe der allgemeinen Hypotheken-Ordnung für das Königreich Baiern, 1819, S. 59. Vgl. auch aus der preußischen Rechtsprechung Entscheidungen des Königlichen Geheimen Ober-Tribunals 3 (1838), Nr. 26, S. 235, 236: „der nicht eingetragene wahre Eigenthümer“ müsse die Belastung seines Grundstücks mit einer vom eingetragenen Nichtberechtigten bestellten Hypothek „erleiden ..., weil es seine Schuld sei, daß er ... seinen Eigenthumserwerb nicht zur Kenntniß bei den Hypothekenacten gebracht habe.“ Sachlich übereinstimmend schon Entscheidungen des Königlichen Geheimen Ober-Tribunals 2 (1837), Nr. 5, S. 47, 54: „... bleibt es die Schuld des nichteingetragenen Eigenthümers, nicht für die Berichtigung ... oder ... wenigstens für die Eintragung einer Protestation gesorgt zu haben.“

131 Gönner, Motive zu dem Entwurfe der allgemeinen Hypotheken-Ordnung für das Königreich Baiern, 1819, S. 60.

vergleichbare Eintragung gesichert hat, stellt sich die Frage, was zu gelten hat, wenn durch einen Fehler der das Hypothekenbuch führenden Stelle versehentlich der C als Eigentümer eingetragen wird, obwohl der frühere Eigentümer A an B übereignet hat und A und B eine entsprechende Eintragung im Hypothekenbuch beantragt haben, und C nun das vermeintlich ihm gehörende Grundstück mit einer Hypothek für den redlichen D belastet. § 25 Hypothekengesetz sieht vor, „daß jede im Vertrauen auf … (das Hypothekenbuch) vorgenommene Handlung … in Ansehung desjenigen, welcher nach den im Hypothekenbuche befindlichen Einträgen, und im guten Glauben gehandelt hat, alle jene rechtlichen Wirkungen hervorbringt, welche der Handlung nach jenen Einträgen angemessen sind." Demzufolge hätte D eine wirksame Hypothek erworben. Dass B das Ausbleiben seiner Eintragung verschuldet habe, kann man aber nicht ohne Weiteres behaupten. § 26 Nr. 2 Hypothekengesetz stellt jedoch klar, dass „die eingetragenen Hypotheken … auch gegen Denjenigen (wirksam sind), welcher nachher aus einem im Hypothekenbuche weder eingetragenen noch vorgemerkten Rechtstitel für den Eigenthümer der Sache erklärt wird, wenn auch schon vor Eintragung der Hypothek dieser vorhanden, oder über das Eigenthum der Streit vor Gericht anhängig war". Von dieser Norm werden auch Fälle wie unserer erfasst. Es muss also offenbar für den Schutz des D ausreichen, dass B immerhin theoretisch die Möglichkeit gehabt hätte, rechtzeitig gegen die falsche Eintragung des C zu protestieren. Was heute oft als positive Publizität des Grundbuchs bezeichnet wird, nämlich der Schutz des Vertrauens auf falsche, der materiellen Rechtslage widersprechende Eintragungen, könnte also eben so wie die negative Publizität an sich schon mit der formellen Publizität, der Möglichkeit auch der wahren Berechtigten, das Buch einzusehen und für Verlautbarung der wahren Rechtslage, notfalls durch Berichtigung von ihnen selbst gar nicht veranlasster Eintragungen, zu sorgen, begründet werden.[132] Gönner führt zwar auch in seinem Kommentar zum Hypothekengesetz ähnlich wie

132 Vgl. zu § 892 BGB Kiehnle, Der Erwerb kraft öffentlichen Glaubens in der württembergischen Pfandgesetzgebung von 1825/1828 und im Bürgerlichen Gesetzbuch, 2004, S. 226 ff. Sehr kritisch zu einer solchen Erklärung des öffentlichen Glaubens der bayerischen Hypothekenbücher Regelsberger, Das Bayerische Hypothekenrecht, 1874, S. 139 f. Gegen eine solche Begründung positiver Publizität des Handelsregisters Mayer, Grünhuts Zeitschrift für das Privat- und öffentliche Recht der Gegenwart 32 (1906), 245, 350 ff., der zwar denjenigen, der einer vom Betroffenen schuldhaft nicht korrigierten Eintragung vertraut, schützen möchte (353 ff.), aber betont, dass es sich dabei um reine Verschuldenshaftung des Betroffenen handele, die „nichts mit dem Grundsatze von dem Schutze des

schon in den Motiven aus, „in dem Hypothekenbuch“ müssten Öffentlichkeit im Sinne von „Offenkundigkeit seines Inhalts“ und der „amtliche Glauben“, aus dem sich die „äußere Glaubwürdigkeit“ und die „Beweiskraft“ ergeben sollen, „verbunden seyn“, und ergänzt, es gebe nicht nur für jeden einsehbare Bücher ohne „die volle Beweiskraft einer auf amtlichem Glauben ruhenden Urkunde“, sondern auch „wegen des amtlichen Glaubens vollkommen beweisende Urkunden, welchen die Oeffentlichkeit mangelt“[133], letztlich entscheidet aber hinsichtlich des nicht nur beweisrechtlichen Schutzes redlicher Dritter nicht die amtliche Registerführung, sondern der Umstand, dass „jedem Betheiligten … das Buch, für die Eintragung oder Vormerkung seines Geschäfts oder Verhältnisses, zur Sicherung seiner Rechte offen(steht)“[134]: „Darauf beruht das allgemeine Vertrauen in das Hypothekenbuch, welches zwar in dem amtlichen Glauben und der hieraus entspringenden äußern Glaubwürdigkeit der Einträge eine starke Stütze, aber nur in der Oeffentlichkeit seines Inhalts für jeden Betheiligten seinen Grund findet.“[135] Entsprechende Überlegungen finden sich 1825 in Seegers Kommentar zum württembergischen Pfandgesetz desselben Jahres[136] und ähnlich 1829 in Preußen in den Motiven zu den vom

---

Vertrauens zu tun“ habe (354) und deshalb auch nicht dazu berechtige, „eine positive Seite des Publizitätsprinzipes, einen öffentlichen Glauben des Handelsregisters … zu konstruieren“ (350); so andeutungsweise sehr knapp bereits v. Hahn, Commentar zum Allgemeinen Deutschen Handelsgesetzbuch, Erster Band, 2. Auflage 1871, S. 67, Fn. 12 (S. 68). Dagegen zog Herzog, Blätter für Rechtspflege in Thüringen und Anhalt 17 (1870), 217, 221 ff., die Möglichkeit des Betroffenen zur Kontrolle des Handelsregisters heran, um einen Schutz des auf falsche Eintragungen vertrauenden Dritten als „(Konsequenz) des Prinzips der Oeffentlichkeit“ (225) zu begründen. Nossek in Schmoeckel (Hrsg.), Übertragung von Immobilienrechten im internationalen Vergleich, 2018, S. 113, 118, deutet einen Zusammenhang zwischen freier Einsehbarkeit und dem Schutz redlicher Dritter an, ohne das näher auszuführen: „Accessibility of the LR [= Land Register] and good faith of the entries appear to be somehow two sides of the same coin, because in case the LR is open to public, good faith in the entries is easily constituted.“

133 Commentar über das Hypothekengesetz für das Königreich Baiern, Erster Band, 1823, S. 254 f.

134 Commentar über das Hypothekengesetz für das Königreich Baiern, Erster Band, 1823, S. 273 f.

135 Commentar über das Hypothekengesetz für das Königreich Baiern, Erster Band, 1823, S. 275.

136 Seeger, Ausführliche Erläuterung des Pfand- und Prioritätsgesetzes für das Königreich Würtemberg, Erster Theil, 1825, S. 211 f., 222, 240 ff. Vgl. Kiehnle, Der Erwerb kraft öffentlichen Glaubens in der württembergischen Pfandgesetzgebung von 1825/1828 und im Bürgerlichen Gesetzbuch, 2004, S. 57.

Revisor Schiller vorgelegten Entwürfen des Hypothekenrechts[137] sowie 1845, trotz scharfer Kritik an Gönners Terminologie,[138] im Kommentar

---

137 Gesetz-Revision, III. Pensum, Motive zu den von dem Revisor vorgelegten Entwürfen des materiellen Pfand- und Hypothekenrechts, ..., Erster Band, 1829, S. 17, abgedruckt bei Schubert (Hrsg.), Gesetzrevision (1825-1848), II. Abteilung, Öffentliches Recht, Zivilrecht und Zivilprozeßrecht, Band 1, Öffentliches Recht und Sachenrecht I, 2. Halbband, 1981, S. 829, und mit leichten Veränderungen in Ergänzungen und Erläuterungen der Preußischen Allgemeinen Hypotheken- und Deposital-Ordnung ..., 2. Auflage 1842, S. 4: „Oeffentlich heißt: was jedem, den es angeht, ... kund wird. ... Oeffentlich heißt aber auch, was vom Staate ausgeht ... Daher: öffentliche Behörde, öffentlicher Glauben. Beide Bedeutungen vereinigen sich bei der ... Oeffentlichkeit der Hypotheken. Das Institut muß von der Art seyn, daß es jedem zugänglich ist, der seiner bedarf. Es muß aber auch eine Stütze der Glaubwürdigkeit an der öffentlichen Behörde haben. Einleuchtend folgt aus beiden erst die möglichste Sicherheit des Credits." Zu Schiller als Autor vgl. die Einleitung von Schubert in Schubert (Hrsg.), Gesetzrevision (1825-1848), II. Abteilung, Öffentliches Recht, Zivilrecht und Zivilprozeßrecht, Band 1, Öffentliches Recht und Sachenrecht I, 1. Halbband, 1981, S. XXIX f., dort auch S. XXXI ff. zu den weiteren preußischen Reformbemühungen im Hypothekenrecht bis 1872. Die Bedeutung Gönners und des bayerischen Vorbilds zeigt sich 1829 in mehrfachen Zitaten (z. B. S. 10 = 822 bei Schubert) und noch 1863 in der Denkschrift betreffend die Revision der Hypotheken-Ordnung des Ministeriums für die landwirthschaftlichen Angelegenheiten (Als Manuscript gedruckt), S. 103 f. (im Wesentlichen auch abgedruckt bei Schubert [Hrsg.], Gesetzrevision (1825-1848), II. Abteilung, Öffentliches Recht, Zivilrecht und Zivilprozeßrecht, Band 1, Öffentliches Recht und Sachenrecht I, 1. Halbband, 1981, S. XXXIV), wo als Belege Gönner und die „Baiersche H. O. vom 1. Juni 1822" angeführt werden: Die preußische Hypothekenordnung und das ALR „enthalten ... mehrfache Lücken: 1. der Grundsatz der Publicität verlangt: daß alle Verhältnisse und Geschäfte, welche mit dem Hypothekenwesen in Beziehung stehen, in dem Hypothekenbuche ersichtlich gemacht werden, daß ferner die Einsicht desselben jedem, welcher ein rechtliches Interesse daran habe, offen stehe, und endlich, daß der Inhalt des Hypothekenbuches öffentlichen Glauben wirke, ‚daß mithin jede im Vertrauen auf das Hypothekenbuch vorgenommene Handlung, insoweit sie mit dem Hypothekenwesen in Verbindung steht, in Ansehung des Handelnden die rechtlichen Wirkungen hervorbringe, welche der Handlung nach jenen Einträgen angemessen sind.' Diesen Anforderungen widerspricht es, daß ... der Glauben des Hypothekenbuchs, auch den redlichen Glauben des Erwerbers vorausgesetzt, denselben nicht unbedingt schützt ..."

138 Heyne, Commentar über das Königlich Sächsische Gesetz, die Grund- und Hypothekenbücher und das Hypothekenwesen betreffend ..., Erster Band, 1845, S. 6: bei „Öffentlichkeit" denke man nur an die freie Einsicht in die Bücher, nicht auch an einen Schutz des Vertrauens auf den Buchinhalt. Vgl. ähnlich auch Regelsberger, Studien im bayerischen Hypothekenrechte, 1872, S. 88, der für den Vertrauensschutz lieber von „Rechtskraft des Hyp.-Buches" sprechen

Heynes zum (bisweilen in seiner Bedeutung überschätzten)[139] sächsischen Hypothekengesetz von 1843.[140]

### d) Positive und negative Publizität

Anders als für die besondere Beweiskraft öffentlicher Urkunden ist es für die positive Publizität, d. h. den Schutz des auf eine unrichtige Eintragung in einem Register Vertrauenden, der dazu führt, dass hinsichtlich der Rechte des redlich Vertrauenden dieselbe Rechtslage entsteht, wie sie bestünde, wenn die Eintragung richtig gewesen wäre, also nicht essentiell,

---

möchte; anders dann indes Regelsberger, Das Bayerische Hypothekenrecht, 1874, S. 135 ff. Prinz, Der Einfluß der Hypothekenbuchsverfassung auf das Sachenrecht, 1858, verwendet „Oeffentlichkeit des Hypothekenbuches" nur im Sinne von Einsichtsrecht (S. 18), während der materiellrechtliche Schutz des redlich der Eintragung des zu seinen Gunsten Verfügenden vertrauenden Dritten als „Verläßlichkeit des Hypothekenbuchs" und „publica fides" (S. 20) oder „öffentlicher Glauben" (S. 21), „Glaubwürdigkeit des Hypothekenbuches" (S. 32) oder schlicht „Glaube des Hypothekenbuches" (S. 51) bezeichnet wird.

139 Vgl. etwa Staudinger/Picker, 2019, § 892 BGB, Rn. 1: „Das preußische ALR stellte - genauso wie das bayrische HypothG v 1. 7. 1822 und das württembergische PfandG v 15. 4. 1825 - nur den Erwerb von Hypotheken unter den Schutz des öffentlichen Glaubens. Das sächsische Gesetz über die Grund- und Hypothekenbücher v 6. 11. 1843 dehnte dann das Prinzip der publica fides auch auf die Eigentumsübertragung aus." Ebenso BeckOGK BGB/Hertel, § 892, Rn. 161, Stand 1.10.2019. Eine solche Ausdehnung findet sich aber auch schon in Art. 15 des württembergischen Pfandentwicklungsgesetzes von 1828, der zudem den Erwerb sonstiger dinglicher Rechte schützt, vgl. Kiehnle, Der Erwerb kraft öffentlichen Glaubens in der württembergischen Pfandgesetzgebung von 1825/1828 und im Bürgerlichen Gesetzbuch, 2004, S. 528 ff. und 57 ff. (zum redlichen Eigentumserwerb), 549 f. (zu sonstigen Rechten).

140 Heyne, Commentar über das Königlich Sächsische Gesetz, die Grund- und Hypothekenbücher und das Hypothekenwesen betreffend ..., Erster Band, 1845, S. 1 ff. Zwar könnte nach Heyne materielle Publizität auch ohne formelle vorgesehen werden (S. 2), die „amtliche Glaubwürdigkeit (publica fides)" der Einträge durch die „öffentliche Behörde" erkläre das „Wesen" der materiellen Publizität aber ebenfalls nicht (S. 4). Entscheidend sei vielmehr, dass jeder „die Rechte, welche er ... erworben hat, durch Eintragung oder Vormerkung im Grund- und Hypothekenbuche sicherstellen ... lassen" kann, so dass er, „wenn er es ... verabsäumt, ... von diesen Befugnissen Gebrauch zu machen, ... sich die aus sothaner Unterlassung erwachsenden Nachtheile ... selbst beizumessen hat" (S. 5).

dass das Register von einer hoheitlichen Stelle geführt wird.[141] Auch die positive Publizität kann mit der Möglichkeit des Berechtigten, seine Rechte durch Veröffentlichung zu wahren, gerechtfertigt werden, ohne dass es

---

141 Vgl. Vogt, Der öffentliche Glaube des Handelsregisters, 2003 (zugleich Dissertation Zürich 2001), § 12, Rn. 213: „das, was den öffentlichen Glauben ‚öffentlich' werden lässt ... besteht in einem ... für die Öffentlichkeit bestimmten Rechtsschein ..." § 12, Rn. 211: „Der ‚öffentliche' Glaube erhebt eine Eigenschaft ... der Grundlage des Glaubens ... zum Begriffsmerkmal, nämlich die Öffentlichkeit des Publizitätsmittels." „Öffentlichkeit" dürfte dabei hier wie in § 9, Rn. 6, und Art. 970 I-III ZGB als freie Einsehbarkeit zu verstehen sein. § 10, Rn. 60: „aus den ... Vorzügen einer staatlichen Einrichtung folgt ... nicht, dass der Staat das Handelsregister selber führen muss." Zur Vermutung des § 891 BGB auch Hoppe, Die Darlegungs- und Beweislastverteilung im Verhältnis der Grundpfandkreditparteien, 2009, S. 90: „Die Verlässlichkeit des Grundbuchverfahrens lässt sich ... nur eingeschränkt zur Begründung heranziehen, weil ein Wechsel der Rechtsinhaberschaft sich auch außerhalb des Grundbuchs vollziehen kann." Anders Locher, Die Neugestaltung des Liegenschaftsrechtes, 1942, S. 105 f. („Wenn dem Grundbuch nicht nur negativer, sondern auch positiver öffentlicher Glaube zuerkannt wird, so erfordert dies eine weitgehende amtliche Kontrolle der Eintragungsvoraussetzungen. ... die im Grundbuchamt verkörperte Staatsautorität ... der mit der Richtigkeitsgarantie verbundene behördliche Kontrollapparat ...") und 123 („amtliche Autorität des Bucheintrags"). Andeutungsweise Westermann, ZAkadDR 1943, 189, 191: „Eine Möglichkeit des gutgläubigen Erwerbs ist unentbehrlich. Verkehrsinteresse und hinter dem GB stehende staatliche Autorität erfordern sie." Lange, Bodenrecht, 2. Auflage 1944, S. 49: „Das Grundbuch genießt ... öffentlichen Glauben. Da es von einer Behörde geführt wird ..." Auch schon Hedemann, Die Fortschritte des Zivilrechts im XIX. Jahrhundert, Zweiter Teil, 2. Hälfte, 1935, S. 206: „In der Tat konnte der Staat, der so starkes Gewicht auf das Grundbuch legte ..., den darauf Vertrauenden nicht im Stiche lassen, er hätte sonst seine eigene Autorität auf Spiel gesetzt." (Yun, Das deutsche Grundbuch und das koreanische Grundbuch, Dissertation Göttingen 1990, S. 46, zitiert Hedemann – ohne entsprechende Kennzeichnung – wörtlich und unter Angabe der falschen Hälfte des zweiten Teils in Fn. 3 f.) Eichler, Institutionen des Sachenrechts, Zweiter Band, Zweiter Halbband, 1960, S. 371: „Die Einrichtung [des Grundbuchs] als solche, der staatliche Kontrollapparat, die hinter dem Grundbuch stehende Autorität erheischen den Schutz des Verkehrsinteresses." Westermann, JuS 1963, 1, 4 (vgl. auch 6, Nr. 2): „Die Eintragung im Grundbuch ist Staatshoheitsakt; auf diesen geht letztlich der Rechtsschein zurück." Westermann zustimmend Wiegand, JuS 1975, 205, 206; Höland, AcP 198 (1998), 539, 566, 584 f. Peters, Der Entzug des Eigentums an beweglichen Sachen durch gutgläubigen Erwerb, 1991, S. 6 (Grundbuch als „öffentliche, in einem förmlichen Verfahren erarbeitete Urkunde"), 62 f. („in einem förmlichen, staatlichen ... Verfahren", „staatliche Autorität"). MünchKommBGB/Kohler, 7. Auflage 2017, § 892, Rn. 2: „Ohne § 892 würde sich auch die Autorität des staatlich geführten Registers wegen der Gefahr einer Irreführung des Rechtsverkehrs sogar als Falle auswirken und das Grundbuch über-

zwingend erforderlich ist, auf ein von hoheitlicher Seite durchgeführtes

---

haupt diskreditieren." Kohler zustimmend Dobrovolná/Barański in Wudarski (Hrsg.), Das Grundbuch im Europa des 21. Jahrhunderts, 2016, S. 315, 322. Lieder in JbJZivRWiss 2010, Vertrauen und Kontrolle im Privatrecht, 2011, S. 121, 141: „der redliche Erwerb im Liegenschaftsrecht (erfährt) seine Legitimation aus der hoheitlich-verfahrensmäßigen Absicherung der materiellen Richtigkeit des Grundbuchs"; ders., AcP 210 (2010), 857, 870 ff.; ders., Die rechtsgeschäftliche Sukzession, 2015, S. 464 ff.; Lemke, Der Erbschein im System der Gutglaubensvorschriften, Dissertation Göttingen 1981, S. 83; Wiersch, Der gutgläubige Erwerb von GmbH-Anteilen, 2009, S. 38: dem Grundbuch dürfe man glauben, weil es „aufgrund der Führung durch den Staat ... mit einer sehr hohen Wahrscheinlichkeit richtig ist"; S. 44: die GmbH-Gesellschafterliste genieße nach § 16 III GmbHG im Gegensatz zum Grundbuch keinen öffentlichen Glauben, weil „die Listen privat geführt werden und ein staatlicher Schutz der Richtigkeit fehlt". Thomale/Schüßler, ZfPW 2015, 454, 456 f.: „nicht ... die Registereintragung als solche, sondern ... das dieser Eintragung zugrundeliegende öffentlichrechtliche Verfahren" sei entscheidend. Pressel, JURA 2015, 618, 622, spricht von der „öffentlich-rechtlichen und damit sehr starken Erwerbsvoraussetzung ‚Grundbucheintragung' " des § 892 BGB. BGHZ 155, 227, 236: „Die besondere Bedeutung des Grundbuchs ist weiter daraus ersichtlich, daß es in öffentlicher Regie geführt wird ..." Prinz, Der Einfluß der Hypothekenbuchsverfassung auf das Sachenrecht, 1858, S. 21, 30, 34, nennt den Schutz des redlichen Erwerbers aufgrund öffentlichen Glaubens „öffentliche rechtliche Wirkungen der unbedingten Glaubwürdigkeit", spricht von einer „publicistischen Legitimation" des eingetragenen Verfügenden und einer „politischen Berechtigung des Staates zu dem Bruche des Privatrechts im öffentlichen Interesse." Vgl. auch v. Reibnitz, Der öffentliche Glaube des Erbscheins im Vergleich mit dem öffentlichen Glauben des Grundbuchs, Dissertation Rostock 1902, S. 10: der öffentliche Glaube des Grundbuchs sei ein solcher „im öffentlichen Interesse" (vgl. zum „öffentlichen Interesse" auch Vogt, Der öffentliche Glaube des Handelsregisters, 2003 [zugleich Dissertation Zürich 2001], § 12, Rn. 213); auch diese Erklärung konzentriert sich auf die Öffentlichkeit im Sinne eines Gemeinwesensbezuges und ignoriert die Öffentlichkeit im Sinne offener, freier Zugänglichkeit. Wudarski in Wudarski (Hrsg.), Das Grundbuch im Europa des 21. Jahrhunderts, 2016, S. 23, 54 ff., erörtert zwar ausführlich die Mehrdeutigkeit des „Öffentlichen", die zwischen ‚für jeden zugänglich' und „amtlich"/„behördlich" changiert, verengt dann den Begriff des öffentlichen Registers aber auf das „durch einen öffentlichen Rechtsträger geführte Register" (S. 56 f., 80) und erklärt ziemlich apodiktisch (S. 64), der öffentliche Glaube habe „nichts mit der Zugänglichkeit ... zu tun", sondern sei „Folgewirkung der öffentlichen Registerführung ... Für besondere ... Vertrauenswirkung spricht ... der öffentliche Status des Registerorgans." Konsequent gibt es für Wudarski (S. 66) „keine privaten Register mit öffentlichem Glauben". Beide Aspekte stellte ohne Gewichtung nebeneinander v. Meibom, Das Mecklenburgische Hypothekenrecht, 1871, S. 81: „Die Eintragung der Hypotheken in die Hypothekenbücher bewirkt die Publizität derselben, weil diese Bücher nicht allein von öffentlichen Behörden geführt werden, sondern auch dem ... Publikum zur Einsicht offen stehen,

geregeltes Registereintragungsverfahren einschließlich der Prüfung der Eintragungsvoraussetzungen abzustellen.[142] Öffentliche freie Zugänglichkeit der Register ist ohne negative Publizität, aber eben auch ohne positive Publizität wenig sinnvoll, denn wenn durch die Möglichkeit zur Einsichtnahme der Glauben erweckt wird, dem Register lasse sich die Rechtslage zuverlässig entnehmen, dann führt die Nichtgewährung negativer, aber auch positiver Publizität zur Enttäuschung des in Anspruch genommenen Vertrauens. Voraussetzung einer solchen Begründung ist freilich eine realistische Chance jedes Berechtigten, sein Recht rechtswahrend, also öffentlichen Glauben ausschließend, kundgeben zu können, was durch Eintragung eines Widerspruchs etc. ohne Erfordernis des vollen Beweises des Rechts und durch Information der Eingetragenen, die durch eine neue

---

mithin in zweifachem Sinne als öffentliche Bücher erscheinen.“ Adler, Das Publicitäts-Princip im österreichischen Tabularrechte, 1899, S. 2: öffentliche Bücher „heißen (öffentlich) ..., weil sie unter öffentlicher (staatlicher) Autorität geführt werden, und andererseits weil sie öffentlich d. h. ... allgemein zugänglich sind.“ Mayer, Grünhuts Zeitschrift für das Privat- und öffentliche Recht der Gegenwart 32 (1906), 245, 258: „Wesentlich ist ... einerseits die Garantie der ordnungsmäßigen Führung, andrerseits die Möglichkeit, die betreffenden Bücher ... leicht einsehen zu können.“ Und 285 f.: „Von der Erwägung ausgehend, daß diese Bücher unter öffentlicher Autorität geführt werden ... und daß vermöge der formellen Publizität jedermann in der Lage ist, sich von diesen Einträgen Kenntnis zu verschaffen, mußte die moderne Gesetzgebung dahin wirken, daß auch die Sicherheit derjenigen begründet werde, welche sich auf diese Bucheinträge verlassen ...“ In den Beratungen zum BGB spielte die amtliche Grundbuchführung für den öffentlichen Glauben nur eine marginale Rolle; vgl. aber immerhin Protokolle der Zweiten Kommission bei Mugdan (Hrsg.), Die gesammten Materialien zum Bürgerlichen Gesetzbuch für das Deutsche Reich, III. Band, 1899, S. 547: „Die Eintragung ... enthalte ... die amtliche Feststellung, ... daß das Recht erworben sei. Diese Feststellung habe öff. Glauben.“

142 Zumindest mit anderer Akzentuierung Omlor, Verkehrsschutz im Kapitalgesellschaftsrecht, 2010, S. 458: „das strenge Grundbuchverfahren und die Zuständigkeit staatlicher Stellen“ erlauben „den Verzicht auf einen besonderen Rechtfertigungsbeitrag des Berechtigten. Die Nichtveranlassung des unrichtigen Grundbuchinhalts darf auch nicht mit Zeitablauf umgedeutet werden in ein Unterlassen der Korrektur des Grundbuchs. Denn selbst wenn eine solche Obliegenheit des Berechtigten konstruiert werden könne“, komme es auf die Zurechenbarkeit des Unterlassens nicht an. Gegen eine Erklärung des öffentlichen Glaubens des Grundbuchs mit „Unachtsamkeit des Verlierers (Veranlassung oder Unterlassung zumutbarer Beseitigung der unrichtigen Buchung)“ Locher, Die Neugestaltung des Liegenschaftsrechtes, 1942, S. 111 ff.; de lege ferenda für Geltung des Satzes „Wer mit seinem Vermögen dem Register unterliegt, muß für die Gefahren, die er setzte oder bestehen ließ, obwohl er sie beseitigen konnte, Ersatz leisten“, Brandt, Eigentumserwerb und Austauschgeschäft, 1940, S. 291 ff.

Eintragung in ihrer eingetragenen Buchposition beeinträchtigt werden, zu gewährleisten ist.[143] Schon Gönner fasst daher einleuchtend zusammen: „Wenn das Gesetz ... dafür sorgt, daß an dem Eingetragenen keine Veränderung vorgehen kann, ohne daß der Betheiligte davon Nachricht erhält, um sein Recht dagegen verwahren zu können: – dann ruht die öffentliche Anstalt des Hypothekenbuchs auf einem unerschütterlichen Fundament."[144] Und Heyne formuliert später sachlich weitgehend übereinstimmend: wenn der Inhalt des Grundbuchs als richtig gelten soll, müsse „der Gesetzgeber ... den Betheiligten ... die Möglichkeit garantiren, sich von den Realverhältnissen ... durch Einsichtnahme des ... öffentlichen Buches zu unterrichten und die ... erlangten Rechte durch Eintragung ... oder, Falls [sic!]... nicht sogleich die förmliche Eintragung sollte erfolgen können, wenigstens durch Vormerkung ... sicherstellen zu lassen ..."[145] Bei Johow scheint dieser Gedanke in der Begründung seines Sachenrechtsentwurfs für die Erste BGB-Kommission ebenfalls – allerdings vielleicht nicht mehr ganz so klar – auf, wenn er darauf hinweist, dass es sehr selten sein wird, „daß der eingetragene Nichteigenthümer, ehe der Eigenthümer zur Wahrung seiner Rechte eine [ungefähr dem heutigen Widerspruch entsprechende] Vormerkung zu erwirken sich veranlaßt findet," zugunsten ei-

143 Vgl. Rupp, Grundpfandrechte zwischen Flexibilität und Schutz, 2015, S. 645, 647 (mit der Idee einer „regelmäßige(n) ... Übermittlung des aktuellen Datensatzes durch das Register" an die Betroffenen).

144 Commentar über das Hypothekengesetz für das Königreich Baiern, Erster Band, 1823, S. 274 unten. Vgl. auch Biermann, Widerspruch und Vormerkung nach deutschem Grundbuchrecht, 1901, S. 72: die Widerspruchsmöglichkeit im BGB erfüllt eine „Forderung der Gerechtigkeit".

145 Heyne, Commentar über das Königlich Sächsische Gesetz, die Grund- und Hypothekenbücher und das Hypothekenwesen betreffend ..., Erster Band, 1845, S. 5. Vgl. weiter Regelsberger, Das Bayerische Hypothekenrecht, 1874, S. 140: „Die Möglichkeit, die Rechte durch Einschreibung von der Gefährdung durch den öffentlichen Glauben des Hypothekenbuchs zu schützen, benimmt ... diesem Prinzipe den Charakter einer ungerechtfertigten Härte gegen die darunter Leidenden ..." Vgl. de lege ferenda ähnlich zum europäischen Immaterialgüterrecht Quadbeck, Das Publizitätsprinzip im Immaterialgütervertragsrecht der Europäischen Union, 2011, S. 195 f., 197 unten, 199. Wenn man erwägt, ob es sinnvoll sein kann, im Hinblick auf die §§ 932 ff. BGB von einem öffentlichen Glauben des Besitzes zu sprechen (vgl. oben bei Fn. 84 ff.), so spricht dagegen auch, dass der Eigentümer, der den unmittelbaren Besitz seiner Sache einem anderen, z. B. einem Mieter, überlässt, keine sichere Möglichkeit hat, wirksame Verfügungen durch diesen zu verhindern; vgl. zum Fehlen einer solchen Möglichkeit Peters, Der Entzug des Eigentums an beweglichen Sachen durch gutgläubigen Erwerb, 1991, S. 6, 62, 152 ff.

nes redlichen Dritten verfügt.[146] Den wahren nicht (richtig) eingetragenen Berechtigten vor den Folgen des öffentlichen Glaubens durch die Möglichkeit vorläufiger, vollen Beweis der Grundbuchunrichtigkeit nicht erfordernder Eintragungen zu schützen, ist auch für Johow zumindest „eine Forderung der Billigkeit“.[147]

Die gängige Unterscheidung zwischen positiver und negativer Publizität öffentlicher Register verliert damit an Bedeutung. Wenn sich der Gesellschafterbestand einer OHG durch Beitritt neuer oder Ausscheiden alter Gesellschafter ändert, aber bisher noch alle bisherigen vertretungsberechtigten Gesellschafter und nur diese im Handelsregister eingetragen sind, ist das ein Fall der negativen Publizität des § 15 I HGB, so dass sich die OHG und ihre neuen Gesellschafter einem redlichen Dritten gegenüber nicht auf die fehlende Vertretungsmacht der für sie handelnden Eingetragenen berufen können, und zwar deshalb nicht, weil es Sache aller Gesellschafter gewesen wäre, für eine Berichtigung der Eintragung in Anpassung an die geänderten Umstände zu sorgen. Waren die eingetragenen Personen schon zum Zeitpunkt der Eintragung in Wahrheit nicht Gesellschafter, darf man von den wahren Gesellschaftern ebenfalls erwarten, dass sie für Berichtigung sorgen.[148] Es wäre durchaus vorstellbar, im Fehlen der Gesellschafterstellung der Eingetragenen eine in Angelegenheiten der wahren Gesell-

---

146 Schubert (Hrsg.), Die Vorlagen der Redaktoren für die erste Kommission zur Ausarbeitung des Entwurfs eines Bürgerlichen Gesetzbuches, Sachenrecht, Teil 1, 1982, S. 876.

147 Johow bei Schubert (Hrsg.), Die Vorlagen der Redaktoren für die erste Kommission zur Ausarbeitung des Entwurfs eines Bürgerlichen Gesetzbuches, Sachenrecht, Teil 1, 1982, S. 329. Vgl. auch Motive der Ersten Kommission bei Mugdan (Hrsg.), Die gesammten Materialien zum Bürgerlichen Gesetzbuch für das Deutsche Reich, III. Band, 1899, S. 132: „Das Gesetz muß den Berechtigten die Möglichkeit gewähren, sich gegen die durch jenes Prinzip ihnen drohenden Gefahren zu schützen.“

148 Zur Einschränkung des § 15 III HGB auf Fälle, in denen derjenige, zu dessen Lasten die unrichtige Bekanntmachung wirken soll, wenigstens überhaupt irgendeine Eintragung beantragt hat, wird auch heute darauf hingewiesen, der „Anmeldende“ müsse „selbst den Vollzug bis zur Bekanntmachung im Auge halten“ (Schmidt, Handelsrecht, Unternehmensrecht I, 6. Auflage 2014, § 14, Rn. 86, der sich gegen solche Einschränkungen wendet, Rn. 84 ff.). Vgl. noch präziser Schilken, AcP 187 (1987), 1, 18 f.: „Wer … Anmeldungen … zur Eintragung in das Handelsregister … vornimmt, … kann die Richtigkeit jederzeit … kontrollieren und … auf eine Berichtigung hinwirken …“ Dann wäre es nur konsequent, allgemeiner von Kaufleuten zu verlangen, „im eigenen Interesse dafür zu sorgen, dass sich der offengelegte Stand ihrer offenlegungspflichtigen Verhältnisse stets mit dem wahren Stand deckt“ (Schmidt, Handelsrecht, Unter-

schafter einzutragende Tatsache zu sehen, so dass sich die OHG einem redlichen Dritten gegenüber nach § 15 I HGB auch in dieser Konstellation nicht auf die fehlende Vertretungsmacht der handelnden Eingetragen berufen könnte. Das Reichsgericht hat in einem in der amtlichen Sammlung mit „Öffentlicher Glaube des Handelsregisters" überschriebenen Urteil vor Einführung des § 15 III HGB tatsächlich so entschieden: „Solange nicht die wahren Gesellschafter, sondern andere Personen als Gesellschafter in das Register eingetragen sind, ist die eintragungspflichtige Tatsache des richtigen Gesellschafterbestandes nicht ins Handelsregister eingetragen."[149] Man

---

nehmensrecht I, 6. Auflage 2014, § 14, Rn. 89, freilich nur zu § 15 III, indes allgemeiner für Unternehmer; vgl. Steckhan, DNotZ 1971, 211, 224 ff.; Fehrenbacher, Registerpublizität und Haftung im Zivilrecht, 2004, S. 172: „Obliegenheit der Unternehmen, für den Rechtsverkehr die Transparenz mit wahren Informationen zu gewährleisten", S. 174: „Die Kenntnis des von der unrichtigen Information Betroffenen über die Eintragung und deren Inhalt wird durch die Benachrichtigung von der Eintragung sichergestellt"; gegen solche Obliegenheiten Deschler, Handelsregisterpublizität und Verkehrsschutz, Dissertation Tübingen 1977, S. 261 ff.).

149 RGZ 125, 228, Zitat von S. 229. Vgl. auch ROHGE 23, 280: das Reichsoberhandelsgericht bejahte die unbeschränkte Haftung eines Kommanditisten gegenüber einem Gläubiger, der mit der durch den Komplementär vertretenen Gesellschaft im Vertrauen auf deren schon anfänglich falsche Eintragung als OHG kontrahiert hatte. Der redliche Dritte dürfe (281) „der Existenz eines ... vorauszusetzenden Rechtszustandes", nämlich unbeschränkter Haftung, „so lange" vertrauen, „als nicht ... die Existenz eines besonderen, exceptionellen Rechtszustandes im Wege eines Registereintrags ... für die Kenntniß des Dritten zugänglich gemacht ist ..." Man könnte auch formulieren, die Eintragung einer OHG sei zugleich Nichteintragung der in Wahrheit bestehenden KG. (Heute ist umstritten, ob ein solcher Fall nach § 176 oder nach § 15 III HGB zu lösen ist; vgl. für § 15 III MünchKommHGB/Schmidt, 3. Auflage 2012, § 176, Rn. 8, 10; für § 176 Mattheus/Schwab, ZGR 2008, 65, 80 ff., 108, allerdings unter ergänzender Anwendung des § 15 III bei entsprechender Bekanntmachung: 91 ff., 94, 109; vgl. zum Meinungsstand Staub/Thiessen, Vierter Band, 5. Auflage 2015, § 176 HGB, Rn. 63 ff.; eine Anwendung des § 15 I wird soweit ersichtlich nicht thematisiert.) In ROHGE 23, 285, wurde dagegen eine Haftung dessen, der ausweislich des insoweit falschen Handelsregisters Prokura erteilt hatte, aus von seinem scheinbaren Prokuristen für ihn getätigten Geschäften aufgrund der „Publicität des Handelsregisters" bzw. der „Oeffentlichkeit des Registers" abgelehnt, ohne dass eine einleuchtende Begründung dieser Differenzierung zwischen beiden Fällen erfolgt; vgl. die Kritik beider Entscheidungen des ROHG durch Kräwell, (Buschs) Archiv für Theorie und Praxis des Allgemeinen deutschen Handels- und Wechselrechts 39 (1879), 1, 18 ff.

sollte das nicht als „Notlüge“ bezeichnen,[150] sondern konzedieren, dass eine klare sachliche Unterscheidung zwischen negativer und positiver Publizität kaum möglich ist, was durch die sehr unterschiedliche Verwendung der Begriffe in verschiedenen Regelungszusammenhängen und zu verschiedenen Zeiten bestätigt wird.[151] Während im Handelsrecht jedenfalls seit Einfügung des § 15 III HGB davon auszugehen ist, dass die positi-

150 So aber Schmidt, Handelsrecht, Unternehmensrecht I, 6. Auflage 2014, § 14, Rn. 73; viel positiver zu dieser Entscheidung mit gutem Grund Steckhan, DNotZ 1971, 211, 228. Allgemein ohne Bezug zur hier behandelten Entscheidung Vogt, Der öffentliche Glaube des Handelsregisters, 2003 (zugleich Dissertation Zürich 2001), § 4, Rn. 28: „das Argument, es ergebe sich öffentlicher Glaube aus der negativen Publizitätswirkung, basiert auf der Konzeption, eine unrichtige Eintragung sei eine zu Unrecht nicht veränderte Eintragung ...“; Rn. 34: „Die Anwendung der negativen Publizitätswirkung auf unterbliebene Änderungseintragungen … wird hier mit dem Ziel der Begründung eines positiven öffentlichen Glaubens bezüglich einer zu Unrecht nicht geänderten … Eintragung untersucht.“ Weiter Rn. 64. Vogt kommt jedoch Rn. 114 ff. zu dem Ergebnis, dass die negative Publizitätswirkung nicht auf ursprünglich unrichtige Eintragungen anzuwenden sein soll, was letztlich aber praktisch nicht besonders relevant erscheint, weil der öffentliche Glaube anfänglich falscher Eintragungen aufgrund Vertrauenshaftung bejaht wird (Rn. 135 f., § 12, Rn. 68 und zu den dadurch Betroffenen Rn. 65, allerdings auch Rn. 83 ff. zur erforderlichen Zurechnung).

151 Nicht überzeugend Quantz, Besitz und Publizität im Recht der beweglichen Sachen, 2005, S. 30, der offenbar von einem jeweils einheitlichen Begriff der positiven und der negativen Publizität für § 892 BGB und § 15 HGB ausgeht, ohne das genauer auszuführen, und bezüglich des Besitzes beide Termini in ungewöhnlicher Weise verwendet, S. 312: „positive Publizität (inwieweit also der Besitz ein Recht oder einen Rechtswechsel anzeigt) und … negative Publizität (inwieweit also wenigstens der Ausschluss des bisherigen Rechtsinhabers Voraussetzung für den Rechtserwerb ist).“ Vgl. S. 82, 321 ff. Ähnlich wie Quantz aber schon Hromadka, Die Entwicklung des Faustpfandprinzips im 18. und 19. Jahrhundert, 1971, S. 10 f. (mit dem Übergabeerfordernis bei Verpfändung komme es „zu einer Art negativer Publizität. Ein Interessent … wird … daran gehindert, den Schuldner für den Berechtigten zu halten, weil jener die Sache nicht vorweisen kann.“), 177 f. („Prinzip der negativen Publizität: verpfändete Sachen sollen aus dem sichtbaren Vermögen des Schuldners verschwinden“, der lastenfreie Erwerb nach § 936 BGB soll aber Ausdruck „der positiven Publizität“ sein); ders., JuS 1980, 89, 90 ff. („negative, spezifisch pfandrechtliche Publizität“); Hromadka folgend Reich, Das stille Pfandrecht der Niederlande, 2006, S. 28; (schwer verständlich) Li Yuan, Die abstrakte Gestaltung von Sicherheiten als elementarer Ausdruck der Privatautonomie, 2012, S. 135 (vgl. aber S. 80, wo von positiver und negativer Publizität des Grundbuchs im üblichen Sinne, vgl. hier sogleich bei und in Fn. 155 ff., die Rede ist). Gegen eine wie auch immer geartete negative Publizität des Besitzes mit guten Gründen Füller, Eigenständi-

ve Publizität das Vertrauen auf schon bei ihrer Bekanntmachung unrichtig verlautbarte Tatsachen schützt,[152] wohingegen die negative Publizität nach § 15 I nur das Vertrauen auf den Fortbestand einer früher wirklich gegebenen, jetzt aber nicht mehr bestehenden und vom schweigenden Register (genauer: dem schweigenden Register oder der fehlenden Bekanntmachung)[153] eben unwidersprochen gelassenen Rechtslage schützt,[154] wird im BGB die negative Publizität des Grundbuchs mit dem Schutz des Vertrauens auf das Nichtbestehen nicht eingetragener oder gelöschter Rechte gleichgesetzt,[155] obwohl die Löschung als Eintragung eben etwas anderes

---

ges Sachenrecht?, 2006, S. 296 f. Nicht sehr klar Lüke, Sachenrecht, 4. Auflage 2018, Rn. 350: „Anders als bei § 932 geht vom Grundbuch auch eine negative Publizität aus, indem der Erwerber sich darauf verlassen kann, dass nicht Eingetragenes auch nicht besteht." Soll dann § 936 BGB eine Verwirklichung negativer Publizität des Besitzes sein, weil der Erwerber auf Lastenfreiheit vertrauen kann?

152 Vgl. Canaris, Handelsrecht, 24. Auflage 2006, § 5, Rn. 42; Fehrenbacher, Registerpublizität und Haftung im Zivilrecht, 2004, S. 167.

153 Vgl. Canaris, Handelsrecht, 24. Auflage 2006, § 5, Rn. 11.

154 Canaris, Die Vertrauenshaftung im deutschen Privatrecht, 1971, S. 163, 472, 507 f.; ders., Handelsrecht, 24. Auflage 2006, § 5, Rn. 4 ff.; Fehrenbacher, Registerpublizität und Haftung im Zivilrecht, 2004, S. 154 f.; Parodi, AcP 185 (1985), 362, 369. Vgl. Westermann, JuS 1963, 1, 4: „Treffend ist das Schlagwort von dem Schutz nur gegen ‚sekundäre Unrichtigkeit', also nicht gegen ursprünglich falsche Eintragung." Von sekundärer Unrichtigkeit spricht auch BGH WM 1965, 1054, 1057, unter III. 2. Vogt, Der öffentliche Glaube des Handelsregisters, 2003 (zugleich Dissertation Zürich 2001), § 1, Rn. 34, definiert den „negativen öffentlichen Glauben" des Handelsregisters nach schweizerischem Recht (vgl. Art. 933 II OR) als Schutz des Vertrauens darauf, „dass zu Recht keine Eintragung … vorliegt und somit die Rechtslage gilt, die ohne eine Eintragung besteht, nämlich die gesetzliche Grundordnung". Eine negative Publizitätswirkung könne sich laut Rn. 150, 186 nur auf „nachträglich unrichtig gewordene Eintragungen" stützen. Solch eine negative Publizitätswirkung könne aber u. U. positiven öffentlichen Glauben, nämlich den Schutz des Vertrauens auf die Richtigkeit einer unrichtig gewordenen Eintragung begründen, vgl. § 4, Rn. 35, 64, 78, 82 ff., § 13, Rn. 3.

155 Staudinger/Picker, 2019, § 892 BGB, Rn. 4; Omlor, Verkehrsschutz im Kapitalgesellschaftsrecht, 2010, S. 385, der unter der Überschrift „Die fehlende negative Publizität der Gesellschafterliste" prüft, ob nach § 16 III GmbHG ein lastenfreier Erwerb von GmbH-Anteilen möglich ist, und das verneint (S. 385 ff., Ergebnis S. 389). Vgl. vom Standpunkt der Formalaktstheorie (dazu unten bei und in Fn. 235) aus bereits Exner, Das Publizitätsprinzip, Studien zum österreichischen Hypothekenrecht, 1870, S. 5: „der Satz der publica fides schliesst eine negative und eine positive Reihe von Folgerungen in sich: 1) es existiren von Rechtswe-

als ein bloßes Schweigen des Grundbuchs ist,[156] und die positive Publizität mit dem Schutz des Vertrauens darauf, dass ein eingetragenes Recht besteht und der Eingetragene auch sein Inhaber ist, identifiziert,[157] obwohl beispielsweise beim gesetzlichen Übergang einer Hypothek vom Eingetra-

---

gen ... keine dinglichen Rechtsverhältnisse, welche im öffentlichen Buche nicht appariren ...“ Der Hinweis von Merkt, Unternehmenspublizität, 2001, S. 86, Fn. 282, auf Exner als möglichen Urheber der Begriffe negative und positive Publizität ist ohne gleichzeitigen Verweis auf die Formalaktstheorie nicht unproblematisch. Vor Exner verwendet „positiv“ und „negativ“ schon Förster, Theorie und Praxis des heutigen gemeinen preußischen Privatrechts, III. Band, 1868, § 198, S. 427 f.: „Das Hypothekenbuch ... hat öffentlichen Glauben, d. h. sein Inhalt ... gilt als unbedingt wahr und richtig, nicht allein positiv in Betreff dessen, was er ausdrückt, sondern auch negativ in dem Sinne, daß das Grundstück ... mit anderen, als den eingetragenen dinglichen Lasten nicht beschwert ist.“ Vgl. auch Dernburg, Lehrbuch des Preußischen Privatrechts, Erster Band, 1875, S. 422 f.; Colberg, Ueber die Bedeutung des öffentlichen Glaubens des Hypothekenbuchs nach A.L.R. ..., 1877, S. 4: man kann „eine positive und negative Richtung (des öffentlichen Glaubens) unterscheiden: sie lässt den Buchinhalt da, wo er von der Wahrheit abweicht, zu Gunsten des Rechtserwerbs Dritter erstarken und bewirkt ferner, dass aus dem Buche nicht ersichtliche Rechte diesem Erwerbe nicht entgegenstehen.“ Johow bei Schubert (Hrsg.), Die Vorlagen der Redaktoren für die erste Kommission zur Ausarbeitung des Entwurfs eines Bürgerlichen Gesetzbuches, Sachenrecht, Teil 1, 1982, S. 374. Viel allgemeiner Adler, Das Publicitäts-Princip im österreichischen Tabularrechte, 1899, S. 4: man müsse zwei Fragen unterscheiden, „(welche) Wirkung nämlich den ... Eintragungen zukommt und welche Rechtswirkungen andererseits nicht eingetragene ... Thatsachen ... haben. Man bezeichnet von diesen verschiedenen Functionen des Publicitäts-Principes die erstere als seine positive, die letztere als seine negative Seite.“ Vgl. ferner S. 160: „Als negative Seite ist der Grundsatz ... ausgesprochen, dass dingliche Rechte an Immobilien nur durch Eintragung in die öffentlichen Bücher erworben, aufgehoben oder umgeändert werden können ...“ Zum mecklenburgischen Recht vgl. v. Meibom, Das Mecklenburgische Hypothekenrecht, 1871, S. 82: „In negativer Richtung ergiebt sich aus dem Publizitätsprinzip ..., daß das hypothekarische Recht nicht anders als durch Eintragung im Hypothekenbuch entstehen kann.“

156 Wilhelm, Sachenrecht, 6. Auflage 2019, Rn. 663, spricht diesbezüglich deshalb auch von positiver Publizität.

157 Staudinger/Picker, 2019, § 892 BGB, Rn. 4. Vgl. vom Standpunkt der Formalaktstheorie (dazu unten bei und in Fn. 235) aus bereits Exner, Das Publizitätsprinzip, Studien zum österreichischen Hypothekenrecht, 1870, S. 5: „der Satz der publica fides schliesst eine negative und eine positive Reihe von Folgerungen in sich: ... 2) [die Rechtsverhältnisse], welche darin [d. h. im öffentlichen Buch] eingetragen sind, bestehen zu Recht ...“ Entsprechend zum mecklenburgischen Recht vgl. v. Meibom, Das Mecklenburgische Hypothekenrecht, 1871, S. 83.

genen auf einen nicht eingetragenen Hypothekar nur auf den Fortbestand der bisherigen Rechtslage vertraut wird,[158] und nicht darauf, dass eine bereits ursprünglich falsche Eintragung richtig sei.[159] Die Verwendung der Begriffe leidet zudem darunter, dass § 15 II HGB früher oft als Gewährleistung positiver Publizität bezeichnet wurde,[160] während das heute im Handelsrecht mehrheitlich abgelehnt wird[161] (und man bisweilen in der Rege-

---

158 Wilhelm, Sachenrecht, 6. Auflage 2019, Rn. 665 (mit Kritik an Staudinger/Gursky in Fn. 1201a), übersieht u. a. diese Fälle (außerdem z. B. die Entstehung nicht eintragungsbedürftiger Rechte), wenn er behauptet, es gebe (abgesehen von § 892 I 2, vgl. Rn. 664: negative Publizität bezüglich nicht eingetragener Verfügungsbeschränkungen) „keinen guten Glauben an das Schweigen des Grundbuchs" und Rechte könnten ohne Eintragung nicht erworben werden. Fehrenbacher, Registerpublizität und Haftung im Zivilrecht, 2004, S. 259 f., führt aus, der redliche Erwerber profitiere „vom positiven Vertrauensschutz (öffentlicher Glaube) des Grundbuchs", indem er „das Recht frei von nicht eingetragenen oder gelöschten Belastungen" erlangt; (nur?) „hinsichtlich der Verfügungsbeschränkungen wird der negative Vertrauensschutz deutlich."

159 Vgl. zu den unterschiedlichen Verwendungen der Begriffe etwa Kiehnle, Der Erwerb kraft öffentlichen Glaubens in der württembergischen Pfandgesetzgebung von 1825/1828 und im Bürgerlichen Gesetzbuch, 2004, S. 174, Fn. 393 a. E. (S. 175 unten), S. 229, Fn. 30.

160 Ehrenberg in Ehrenberg (Hrsg.), Handbuch des gesamten Handelsrechts, Erster Band, 1913, S. 636: „Die positive Wirkung der Eintragung und Publikation ..." Vgl. aber S. 644: kein „öffentlicher Glaube" des Registers „in positiver Hinsicht". Zu Vorläufern des § 15 II HGB, namentlich Art. 25 III und 46 II ADHGB, Mayer, Grünhuts Zeitschrift für das Privat- und öffentliche Recht der Gegenwart 32 (1906), 245, 316 (in den genannten Vorschriften sei „die positive Seite" des „Publizitätsprinzipes" zu finden), aber auch 357: „die erwähnten Gesetzesstellen enthalten ... die positive Seite des Publizitätsprinzipes nicht".

161 Staub/Hüffer, Erster Band, 4. Auflage, Stand 1.4.1982, § 15 HGB, Rn. 10; Staub/Koch, Erster Band, 5. Auflage 2009, § 15 HGB, Rn. 3, Fn. 3; Schilken, AcP 187 (1987), 1, 11; mit Sympathien für eine solche Bezeichnung jedoch Merkt, Unternehmenspublizität, 2001, S. 231, vgl. auch S. 86. Förster, Gesellschaftsrecht, Eine Einführung mit Fällen, 2. Auflage 2016, Rn. 40, verwendet für die Regelung des § 15 II den Ausdruck „tatsächliche Publizität" im Unterschied zur „negativen Publizität" des Abs. 1 und zur „positiven Publizität" des Abs. 3. v. Gersdorff, Die Registerpublizität im deutschen und im russischen Unternehmensrecht, 2011, S. 25 ff., insbesondere S. 28, S. 58 f., unterscheidet die „Publikationsfunktion" der Eintragungen zugunsten dessen, „der die Eintragung zu veranlassen hat", also z. B. § 15 II, von der „Publizitätsfunktion" zugunsten Dritter, z. B. § 15 I und III. Vogt, Der öffentliche Glaube des Handelsregisters, 2003 (zugleich Dissertation Zürich 2001), § 1, Rn. 31, 57 bezeichnet eine § 15 II HGB im schweizerischen Recht entsprechende Regelung (Art. 933 I OR) als (formelle, vgl. Rn. 57, § 5, Rn. 4 ff.) „positive Publizitätswirkung" (im Gegensatz zum „po-

lung sogar eine Verwirklichung der negativen Publizität sieht[162]), während man im Genossenschaftsrecht (zu § 29 II GenG)[163] und auch bezüglich des PartGG[164] öfters an der älteren Terminologie festhält. Angesichts solcher terminologischer Konfusion ist eindringlich vor einer Überschätzung des Werts einer Unterscheidung zwischen negativer und positiver Publizität zu warnen.[165]

### e) *Legitimationsdefizite anderer öffentlicher Bücher im Vergleich zum Grundbuch*

Der öffentliche Glaube des Grundbuchs als Modell für alle ähnlichen Publizitätsregelungen im geltenden deutschen Privatrecht erfüllt die hier aufgezeigten Legitimationsanforderungen, denn das Grundbuch ist nach § 12 GBO nicht nur öffentlich, nämlich für jeden berechtigt Interessierten einsehbar,[166] sondern jedem Rechtsinhaber, der für Eintragung seines Rechts gesorgt hat, wird nach § 55 GBO auch jede spätere Eintragung, die sein aus dem Grundbuch ersichtliches Recht betrifft, bekanntgemacht, so dass er gegen materiell unzutreffende Eintragungen mit dem Widerspruch vorge-

---

sitiven öffentlichen Glauben", den er in Rn. 34 als Schutz des Vertrauens auf eine unrichtige Eintragung definiert); vgl. auch § 9, Rn. 12 zum Grundbuch.

162 Hofmann, JA 1980, 264, 267. Vgl. auch Schwaratzki, Verwaltungsrundschau 1991, 163: Vereins-, Handels- und Güterrechtsregister komme „eine sog. negative Publizität" zu: „Dies bedeutet, daß man sich auf das Schweigen des Vereinsregisters verlassen kann ... sowie daß eingetragene Tatsachen Dritten entgegengehalten werden können."

163 Lang/Weidmüller/Holthaus/Lehnhoff, GenG, 39. Auflage 2019, § 29, Überschrift vor Rn. 9; Pöhlmann/Fandrich/Bloehs/Fandrich, GenG, 4. Auflage 2012, § 29, Rn. 5.

164 MünchKommBGB/Schäfer, 7. Auflage 2017, § 5 PartGG, Rn. 32 (§ 15 II HGB habe eine „positive Publizitätsfunktion"); anders Meilicke u. a./Wolff, PartGG, 3. Auflage 2015, § 5, Rn. 26.

165 Vgl. Staub/Hüffer, Erster Band, 4. Auflage, Stand 1.4.1982, § 15 HGB, Rn. 8-10, ferner Rn. 49; MünchKommHGB/Krebs, 4. Auflage 2016, § 15, Rn. 13.

166 Wenn die Vornamen eines in einem öffentlich zugänglichen Register eingetragenen Transsexuellen oder die Nachnamen eines in einem solchen Register eingetragenen Adoptierten geändert worden sind, bedarf es technischer Kunststücke, um die Offenbarungsverbote der §§ 1758 BGB, 5 TSG möglichst mit der Öffentlichkeit der Bücher in Einklang zu bringen; vgl. OLG Schleswig NJW-RR 1990, 23; BGH FGPrax 2019, 97; tendenziell anders (Vorrang der Registeröffentlichkeit) noch BGH NJW 2015, 2116.

hen kann,[167] der (als Widerspruch aufgrund einstweiliger Verfügung) lediglich eine Glaubhaftmachung seines Grundbuchberichtigungsanspruchs (§ 894 BGB) voraussetzt (§ 899 BGB; dem nachgebildet §§ 21 LuftRG,[168] SchiffRG[169]).

§ 16 III 3-5 GmbHG lässt zur Verhinderung des redlichen Erwerbs eines GmbH-Anteils aufgrund einer falschen, gemäß § 9 HGB frei einsehbaren Gesellschafterliste ebenfalls einen Widerspruch gegen diese zu und erfüllt damit, möglicherweise einmal abgesehen von der fehlenden Benachrichtigung bisher auf der Gesellschafterliste verzeichneter Gesellschafter von Änderungen der Liste,[170] die zu stellenden Legitimationsanforderungen, zumal der wahre Berechtigte, dem die Unrichtigkeit nicht zuzurechnen ist, gemäß § 16 III 2 drei Jahre Zeit hat, um von der falschen Liste Kenntnis zu nehmen und ihr zu widersprechen, womit der Gesetzgeber sich insoweit eines der alten Verschweigung nicht unähnlichen Mittels des Schutzes redlicher Erwerber bedient.[171] § 16 III GmbHG belegt zudem die hier entwickelte Auffassung, dass auch positive Publizität unabhängig von hoheitlicher Prüfung der Bekanntmachungen durch die Möglichkeit des Betroffenen, gegen die allgemein zugängliche Verlautbarung zu protestieren, gerechtfertigt werden kann.[172]

---

167 Vgl. zur Bedeutung des § 55 GBO auch Locher, Die Neugestaltung des Liegenschaftsrechtes, 1942, S. 114 f.; Brandt, Eigentumserwerb und Austauschgeschäft, 1940, S. 291 ff.

168 Vgl. Schwenk/Giemulla, Handbuch des Luftverkehrsrechts, 5. Auflage 2019, Kapitel 7, Rn. 438: „Der nicht im Register eingetragene wirkliche Eigentümer kann der Gefahr, durch gutgläubigen Erwerb mit einem Pfandrecht belastet zu werden, dadurch begegnen, dass er ... einen Widerspruch eintragen lässt ..."

169 Vgl. Puttfarken, Seehandelsrecht, 1997, Rn. 634. „Der wahre, aber nicht eingetragene Eigentümer muß sich gegen den Rechtsschein falscher Eintragungen wehren können. Dazu (dient) ... der Widerspruch ..., ... ausgestaltet wie im Grundbuchrecht."

170 Dazu, dass eine solche Benachrichtigung nicht vorgesehen sei, vgl. Bednarz, BB 2008, 1854, 1856, linke Spalte, und 1858, lit. d. Über eine Analogie zu § 383 I FamFG könnte man freilich nachdenken.

171 Vgl. auch Steckhan, DNotZ 1971, 211, 225 f., der die Wirkungen des § 15 III HGB erst nach Ablauf von 15 Tagen nach der Bekanntmachung eintreten lassen möchte.

172 Nicht überzeugend somit Lieder, AcP 210 (2010), 857, 904 f., und ders., Die rechtsgeschäftliche Sukzession, 2015, S. 484 ff., der einen redlichen Erwerb aufgrund einer gemäß § 40 I GmbHG ohne Mitwirkung eines Notars gemäß § 40 II von den Geschäftsführern zum Handelsregister eingereichten Gesellschafterliste als Fremdkörper im „System des redlichen Erwerbs im deutschen Privatrecht" angreift; ähnlich indes Kort, GmbHR 2009, 169, 174 ff. Natürlich „üben Geschäftsführer kein öffentliches Amt aus" (vgl. die ähnliche Kritik von Mayer,

Ordnet man auch den besonderen Schutz, der den Erstehern in öffentli-

DNotZ 2008, 403, 430 ff.: „erst die Bescheinigung des Notars [gibt] der Gesellschafterliste amtlichen Charakter“; damit aber schwer vereinbar 420 f.: „die schutzwürdigen Interessen des wahren Berechtigten (sind) ... ausreichend berücksichtigt. Da die Gesellschafterliste online einsehbar ist, ist es dem Berechtigten ... möglich, die Liste ... zu prüfen.“), aber es trifft (jedenfalls bei nicht überdehntem Verständnis des „Zurechnungsprinzips“) nicht zu, dass redlicher Erwerb vom Nichtberechtigten seine „Legitimation stets entweder aus dem Zurechnungsprinzip oder aus der mit staatlicher Autorität verbürgten Richtigkeitsgewähr des Rechtsscheinsträgers (bezieht)“; ähnlich jedoch Bohrer, DStR 2007, 995, 999 (der freilich im Unterlassen des Widerspruchs einen Zurechnungsgrund sieht); Bednarz, BB 2008, 1854, 1855 f. (die der Gesellschafterliste öffentlichen Glauben abspricht; vgl. auch Preuß, ZGR 37 (2008), 676, 689, 693, 696; Scholz/Seibt, Kommentar GmbHG, Band I, 12. Auflage 2018, § 16, Rn. 99); Bork/Schäfer/Brandes, Kommentar zum GmbHG, 4. Auflage 2019, § 16, Rn. 45 (der aufgrund des „Unterlassens einer Kontrolle“ durch den Betroffenen wenigstens die Verfassungsmäßigkeit der Regelung bejaht, Rn. 48); Harbarth, ZIP 2008, 57, 57 ff. (wo auch die Möglichkeit wertpapierrechtlichen Erwerbs vom Nichtberechtigten bedacht wird). Immer dann, wenn sich eine in einem Register zunächst korrekt publik gemachte Tatsache nachträglich außerhalb des Registers, also ohne konstitutive Eintragung verändert, können nur die Betroffenen als Privatpersonen für eine Berichtigung des Registers sorgen; tun sie das nicht, kommen redliche Dritte in den Genuss der negativen Publizität der Register. Die Bundesregierung hat in der Entwurfsbegründung zu § 16 III GmbHG auf die Möglichkeit des Berechtigten, der öffentlich einsehbaren Gesellschafterliste zu widersprechen, als entscheidenden Umstand hingewiesen, der redlichen Erwerb auch ohne amtliche Richtigkeitsprüfung rechtfertigt (BT-Ds 16/6140, S. 38 f.), und daran trotz Kritik des Bundesrats (BT-Ds 16/6140, S. 66 f., Nr. 14, S. 67 f., Nr. 17) festgehalten (BT-Ds 16/6140, S. 76, Zu Nummer 14, Zu Nummer 17). Wie gerade § 16 III als Beleg für die Erforderlichkeit einer öffentlich-rechtlichen Prüfung für die Zulassung öffentlichen Glaubens dienen soll (so Thomale/Schüßler, ZfPW 2015, 454, 457), ist mir unverständlich. Zustimmend zur Legitimation durch Widerspruchsmöglichkeit Scholz/Seibt, Kommentar GmbHG, Band I, 12. Auflage 2018, § 16, Rn. 62, 99, vgl. auch 60; Henssler/Strohn/Verse, Gesellschaftsrecht, 4. Auflage 2019, § 16 GmbHG, Rn. 50; Ulmer/Habersack/Löbbe/Löbbe, GmbHG Großkommentar, Band I, 2013, § 16, Rn. 125 f., 152; Wiersch, Der gutgläubige Erwerb von GmbH-Anteilen, 2009, S. 199; MünchKommGmbHG/Heidinger, 3. Auflage 2018, § 16, Rn. 259, ablehnend dagegen Rn. 349 ff.; ähnlich Bohrer, DStR 2007, 995, einerseits 999, andererseits 1000, 1002; jedenfalls die Verfassungsmäßigkeit der Regelung bejahend Lutter/Hommelhoff/Bayer, GmbHG Kommentar, 19. Auflage 2016, § 16, Rn. 68; nur aufgrund verfassungskonformer Auslegung die Verfassungsmäßigkeit einräumend Omlor, Verkehrsschutz im Kapitalgesellschaftsrecht, 2010, S. 345 ff., zusammenfassend S. 374 ff., 545 f., der auf diesem Wege „das Abwehrinstrumentarium des Berechtigten“ doch noch als „hinreichend schlagkräftig“ anerkennt (S. 445 f.); ablehnend zur Legitimation durch Widerspruchsmöglichkeit auch Preuß, ZGR 37 (2008), 676, 697 ff. Dass das von der

cher Versteigerung gemäß §§ 935 II oder 1244 i. V. m. 1235 I BGB zuteil wird, als Ausprägung öffentlichen Glaubens ein,[173] so wären die Interessen des wahren Berechtigten wenigstens in der Zwangsversteigerung, die nach h. M. aber gerade keinen Anwendungsfall des § 1244 bildet, dank der Möglichkeit einstweiliger Einstellung der Zwangsvollstreckung gemäß §§ 769 I, II, 771 I, III ZPO immerhin relativ einfach zu wahren, während die Erkennbarkeit der Versteigerung und damit der Gefährdung seines Rechts für den Berechtigten insbesondere bei Versteigerung beweglicher Sachen zu wünschen lässt.[174] Der redliche Erwerb kann gegebenenfalls auch hier ohne im eigentlichen Sinne hoheitliche Prüfung der materiellrechtlichen Erwerbsvoraussetzungen gelingen, denn die „öffentlich angestellten Versteigerer" (§ 383 III 1 BGB; vgl. § 34 b V GewO) üben als solche keine öffentliche Gewalt aus und fungieren auch nicht als Beliehene;[175] außerdem prüfen auch Gerichtsvollzieher und andere Beamte sogar in der Zwangsversteigerung nicht das Eigentum des Schuldners, sondern lediglich seinen Gewahrsam an der Sache, so dass es dem Drittwiderspruchsberechtigten überlassen bleibt, sich nach § 771 ZPO etc. zur Wehr zu setzen.[176]

---

AG geführte Aktienregister nach § 67 AktG „geheim", also nicht öffentlich ist (vgl. § 67 VI), erscheint im Vergleich mit der Öffentlichkeit der Gesellschafterliste widersprüchlich (vgl. MünchKommAktG/Bayer, 5. Auflage 2019, § 67, Rn. 157 ff.), erklärt aber, warum diesem Register auch kein öffentlicher Glaube zukommt (vgl. MünchKommAktG/Bayer, 5. Auflage 2019, § 67, Rn. 46).

173 Vgl. oben bei Fn. 89 ff.

174 Vgl. oben Fn. 103 f.

175 BGH NJW 1992, 2570 (= BGHZ 119, 75), 2571 f., m. w. N., auch zur Gegenauffassung; Dorff, Der Versteigerungserwerb und seine Rechtmäßigkeit bei abhanden gekommenen Sachen, 1999 (zugleich Dissertation Hamburg), S. 35, 99, 102 ff.; Frank/Veh, JA 1983, 249, 251. Nach schweizerischem ZGB ist eine öffentliche Versteigerung, aufgrund derer der Erwerber nach Art. 934 II gesteigerten Schutz trotz Abhandengekommenseins der versteigerten Sache genießt, sogar ganz unabhängig von der Beteiligung eines öffentlich legitimierten Versteigerers; die Versteigerung wird allein durch ihre Zugänglichkeit für jedermann zu einer öffentlichen. Vgl. zum schweizerischen Recht Dünkel, Öffentliche Versteigerung und gutgläubiger Erwerb, 1970, S. 37, 86 ff.

176 BGH NJW 1992, 2570 (= BGHZ 119, 75), 2574; zur fehlenden Prüfung durch den Versteigerer in öffentlicher Versteigerung generell Dünkel, Öffentliche Versteigerung und gutgläubiger Erwerb, 1970, S. 61 f. Diese nicht stattfindende Prüfung weckt aber auch erhebliche Zweifel am Erwerb durch Staatsakt ohne weitere Voraussetzungen in der Zwangsversteigerung, vgl. Huber, Die Versteigerung gepfändeter Sachen, 1970, S. 151; Marotzke, NJW 1978, 133, 134 f. Im Verwaltungsrecht kann sich der durch einen Verwaltungsakt Belastete gegen diesen mit der Anfechtungsklage zur Wehr setzen, während man dem wahren Eigentümer ein entsprechendes Vorgehen gegen den Zuschlag in der Zwangs-

Andere Publizitätsregelungen leiden unter einem Legitimationsdefizit, wenn man sie an dem beschriebenen Maßstab misst. Zwar gilt in Registersachen, also bezüglich Eintragungen in Handels-, Genossenschafts-, Partnerschafts-, Vereins- und Güterrechtsregister (§ 374 FamFG), nach § 383 I FamFG (vgl. weiter § 13 VRV, § 36 HRV, eher einschränkend § 3 GenRegV,[177] ferner § 57 SchRegO, § 83 LuftRG sowie die unklare Verweisung in § 86 I 1 LuftRG) generell, dass Eintragungen den Beteiligten (§ 7 FamFG)[178] mitzuteilen sind, sofern diese nicht auf die Mitteilung verzichtet haben, und gewährleisten auch die jeweiligen speziellen Vorschriften

---

versteigerung ohne zwingenden Grund und trotz der verfassungsrechtlichen Garantie effektiven Rechtsschutzes versagen zu können glaubt, sobald der Ersteher Eigentum erworben hat: „Hat sich allerdings der Eigentumserwerb des Erstehers vollzogen, so kann insoweit keine Erinnerung mehr zulässig sein, weil die hoheitliche Übereignung endgültige Verhältnisse schaffen soll." (MünchKommZPO/Gruber, 5. Auflage 2016, § 817, Rn. 27). Das erinnert an den Grundsatz „Dulde und liquidiere" in seiner ursprünglichen Bedeutung (Neusser, Artikel „Fiskus", Handwörterbuch zur deutschen Rechtsgeschichte, 2. Auflage, Band I, 2008, Spalte 1585, 1587 f.), wie ihn Otto Mayer Ende des 19. Jahrhunderts als vermeintlich bereits überholt so treffend formuliert hat (Deutsches Verwaltungsrecht, Erster Band, 1. Auflage 1895, S. 52, Fn. 22): „Da man gegen den Staat selbst nichts ausrichtet und der Fiskus nicht mehr thun kann als zahlen, so läuft alle Garantie der bürgerlichen Freiheit im Polizeistaate auf den Satz hinaus: dulde und liquidiere." Dass das Individuum Hoheitsakte nicht anfechten kann, sondern auf Ausgleich in Geld verwiesen wird, ist eine dem heutigen Verfassungs- und Rechtsstaat ziemlich fremde Vorstellung (vgl. gegen Tendenzen zur Apotheose der Staatsgewalt, deren Tun sich menschlicher Kontrolle zumindest teilweise entziehen soll, auch schon oben Fn. 102 a. E.). Für die Enteignung im öffentlichen Interesse existieren zwar gewisse Beschränkungen des Rechtsschutzes nach Eigentumserwerb durch den Begünstigten, sie greifen aber in hochformalisierten Verfahren erst dann ein, wenn der Enteignete zuvor Gelegenheit hatte, gegen den Enteignungsbescheid zu klagen; vgl. nur §§ 218 II, 117 I, V, 217 BauGB oder §§ 33 I, V, 50 Landesenteignungs- und -entschädigungsgesetz NRW.

177 Vgl. Krafka, Registerrecht, 11. Auflage 2019, Rn. 1884: „Zu benachrichtigen von der Eintragung ins Genossenschaftsregister ist die Genossenschaft …, adressiert an den Vorstand …"

178 Vgl. MünchKommFamFG/Krafka, 3. Auflage 2019, § 383, Rn. 3; Keidel/Heinemann, FamFG, 19. Auflage 2017, § 383, Rn. 3. Den Begriff des Beteiligten im Registerverfahren teleologisch zu reduzieren (dafür Bumiller/Harders/Schwamb/Harders, FamFG, 12. Auflage 2019, § 382, Rn. 10), leuchtet mir nicht ein; insbesondere steht eine solche Reduktion im Widerspruch zur Warnung vor einem Verzicht auf die Mitteilung und deren Zweck, dem Betroffenen Korrekturen zu ermöglichen, vgl. MünchKommFamFG/Krafka, 3. Auflage 2019, § 383, Rn. 4; Keidel/Heinemann, FamFG, 19. Auflage 2017, § 383, Rn. 9.

über die Veröffentlichung der Eintragung (vgl. § 383 II FamFG; §§ 10 HGB, 156 GenG, 5 II PartGG, 1562 BGB, nur sehr eingeschränkt aber § 66 BGB[179]), dass jeder Betroffene die Richtigkeit ihn betreffender Eintragungen kontrollieren kann, zumal die Register öffentlich frei einsehbar sind (§§ 9 HGB, 156 I 1 GenG, 79 und 1563 BGB, 5 II PartGG, ferner 8 SchRegO, 85 LuftRG), es fehlt aber an dem Widerspruch nach § 899 BGB entsprechenden Möglichkeiten unkomplizierter vorläufiger Sicherung des von einer falschen Eintragung betroffenen Rechts.[180] Will man unabhängig von einer Veranlassung der falschen Eintragung oder öffentlichen Bekanntmachung durch den Betroffenen das Vertrauen des Begünstigten in die Richtigkeit der publizierten Information schützen, bedarf es also doch eines Rückgriffs auf die besondere Vertrauenswürdigkeit der hoheitlich-öffentlichen Registerbehörde, die in der Regel dank geordneter Verfahren und Prüfung formalisierter Voraussetzungen nicht ohne Veranlassung durch den Betroffenen unzutreffende Informationen veröffentlichen

---

179 Vgl. Krafka, Registerrecht, 11. Auflage 2019, Rn. 2185; BeckOK FamFG/Otto, § 383, Rn. 25, Stand 1.7.2019; Keidel/Heinemann, FamFG, 19. Auflage 2017, § 383, Rn. 13.

180 Vgl. zum Fehlen eines Handelsregister-Widerspruchs kritisch Ehrenberg in Ehrenberg (Hrsg.), Handbuch des gesamten Handelsrechts, Erster Band, 1913, S. 652; Canaris, Die Vertrauenshaftung im deutschen Privatrecht, 1971, S. 500 ff.; Kiehnle, Der Erwerb kraft öffentlichen Glaubens in der württembergischen Pfandgesetzgebung von 1825/1828 und im Bürgerlichen Gesetzbuch, 2004, S. 186, Fn. 430. Vgl. auch Hofmann, JA 1980, 264, 265, der de lege ferenda eine zwingende, unverzichtbare Benachrichtigung des Antragstellers von der Handelsregistereintragung fordert. Steckhan, DNotZ 1971, 211, 225, der für die Publizitätswirkung nach § 15 III HGB verlangt, dass der Betroffene „Gelegenheit zu einer Kontrolle der jeweiligen Offenlegung seiner Verhältnisse" haben und „einen etwaigen unrichtigen Stand der Offenlegung noch rechtzeitig und wirksam berichtigen können" müsse. Appellationsgericht Eisenach, (Buschs) Archiv für Theorie und Praxis des Allgemeinen deutschen Handelsrechts 19 (1870), 249, 250 f., lehnte den Schutz eines redlich auf eine fälschlich eingetragene Prokura Vertrauenden u. a. deshalb ab, weil „dem Handelsregister diejenigen Vorkehrungen ganz abgehen, welche da unerläßlich sind, wo Buchungen … rechtschaffende Wirkungen haben, wie z. B. die … Protestationen bei den Hypothekenbüchern." Omlor, Verkehrsschutz im Kapitalgesellschaftsrecht, 2010, S. 509: der Widerspruch nach § 899 BGB und nach § 16 GmbHG beruhen auf dem „Gedanken …, dem Berechtigten ein schnell wirkendes, vom Willen des Betroffenen unabhängiges Instrument in die Hand zu geben, um einen Rechtsverlust zu verhindern." Vgl. zum fehlenden Schutz des bisherigen Eigentümers gegen einen redlichen Erwerb beweglicher Sachen nach §§ 932 ff. BGB oben Fn. 145 a. E.

wird.[181] Für Eintragungen oder öffentliche Bekanntmachungen, die erst durch nachträgliche Änderungen der materiellen Rechtslage mit dieser nicht mehr übereinstimmen, scheidet eine solche Rechtfertigung jedoch ebenfalls aus, denn die Registerbehörde kann von solchen Änderungen allenfalls zufällig erfahren[182] und die Betroffenen, die für Berichtigung der Eintragung oder öffentlichen Bekanntmachung sorgen sollten, können diese ohne die Möglichkeit eines Widerspruchs wegen Beweisschwierigkeiten eventuell erst viel später oder sogar überhaupt nicht herbeiführen. Wo der Gesetzgeber dem Register oder der öffentlichen Bekanntmachung auch in solchen Konstellationen so genannten öffentlichen Glauben gewährt, schützt er zwar den Verkehr, der den öffentlich frei zugänglichen Verlautbarungen vertrauen mag, aber auf Kosten des Betroffenen, dem nichts vorzuwerfen ist, wenn er sich erfolglos um Berichtigung bemüht hat, und dessen Interessen auch nicht durch Prüfung im Eintragungsverfahren geschützt werden konnten.

### *f) Öffentlicher Glaube nichtiger Registereintragungen: Konsequenz einer Begründung auch der „positiven Publizität" ohne Rückgriff auf die Hoheit der Staatsgewalt?*

Wer den maßgeblichen Grund für den Schutz des redlichen Dritten, der sich auf eine für ihn günstige Voreintragung im Grundbuch beruft, im hoheitlichen Charakter des staatlichen Eintragungsaktes sieht, kann nicht ohne Widerspruch annehmen, auch aufgrund schwerwiegender Mängel des Verfahrens nichtige Eintragungen begründeten öffentlichen Glauben, denn die Nichtigkeit ist Ausdruck der ausnahmsweisen Unbeachtlichkeit des staatlichen (oder auch nur scheinbar staatlichen) Handelns.[183] Wäre es

181 Vgl. Fehrenbacher, Registerpublizität und Haftung im Zivilrecht, S. 488 ff., zum Ausnahmecharakter der „positiven Publizität" und dazu (S. 490, ähnlich 480 f., 499), dass „durch zahlreiche verfahrenstechnische Regelungen … sichergestellt (wird), dass Fehler bei der Eintragung und Publizität vermieden werden." Von Fehrenbacher dort offenbar nicht bedachte Konstellationen, in denen eine zunächst richtige Eintragung nachträglich falsch wird, können so freilich nicht zufriedenstellend erklärt werden, vgl. oben weiter im Text.

182 Vgl. Vogt, Der öffentliche Glaube des Handelsregisters, 2003 (zugleich Dissertation Zürich 2001), § 3, Rn. 118: „auf Fälle nachträglich eingetretener Unrichtigkeit hat die Prüfung durch den Handelsregisterführer keinen Einfluss."

183 Vgl. zu Voraussetzungen und Wirkungen der Nichtigkeit einer Eintragung die Nachweise in BeckOGK BGB/Kiehnle, § 1155, Rn. 4, Fn. 5, Stand 1.7.2019.

aber nicht auch widersprüchlich, wie hier vertreten die seitens des wahren Berechtigten unterlassene Grundbuchberichtigung oder wenigstens Widerspruchseintragung für entscheidend zu erklären, einen Schutz des Dritten, der dem Grundbuch und damit der unterbliebenen Wahrung der Rechte des Berechtigten vertraut, aber abzulehnen, nur weil die unwidersprochen gebliebene Eintragung unter so gravierenden Verfahrensfehlern leidet, dass sie nichtig ist? Beides lässt sich durchaus vereinbaren, denn der wahre Berechtigte, etwa der Grundstückseigentümer, der nicht mehr im Grundbuch steht, weil eine Privatperson sich selbst unter Umgehung aller Sicherheitsvorkehrungen als Eigentümer in das in Papierform oder elektronisch geführte Grundbuch eingetragen hat, braucht sich gegen eine nichtige Eintragung nicht zur Wehr setzen, sondern darf seinerseits darauf vertrauen, dass solch massive Abweichungen vom vorgesehenen staatlichen Verfahren nicht vorkommen. Die Wirksamkeit (Nicht-Nichtigkeit) der Registereintragungen, denen öffentlicher Glaube zukommen soll, kann als Minimalerfordernis auch im Rahmen einer grundsätzlich ohne hoheitliche Autorität auskommenden Rechtfertigung des öffentlichen Glaubens öffentlicher Register konsistent verlangt werden.

### *g) Chaos in Vielfalt: Das Beispiel der öffentlichen Bekanntmachung*

Dass der Gesetzgeber und mit ihm die Literatur angesichts der Vielzahl der öffentlichen Register mittlerweile selbst den Überblick zu verlieren drohen, zeigt sich an Details wie dem, dass das Amtsgericht nach § 1562 I BGB Eintragungen im (praktisch entgegen vieler Behauptungen keineswegs bedeutungslosen)[184] Güterrechtsregister weiter durch das für seine Bekanntmachungen bestimmte Blatt zu veröffentlichen hat, während in allen anderen Fällen (§§ 10 HGB, 156 I 3 GenG, 5 II PartGG, 66 BGB, vgl. außerdem all die Regelungen, nach denen eine Publikation im gemäß § 5 I VkBkmG nur noch elektronisch geführten Bundesanzeiger zu erfolgen hat, vgl. etwa §§ 12 GmbHG, 25 AktG, 325 II HGB und das nach § 8 b HGB elektronisch geführte Unternehmensregister) eine elektronische Ver-

184 Vgl. zur tatsächlichen Bedeutung des Güterrechtsregisters Walther-Reining, Das deutsche eheliche Güterrecht im 20. Jahrhundert, Anspruch und rechtstatsächliche Wirklichkeit, 2009, S. 206 ff. (sowie den nicht publizierten Forschungsbericht derselben Autorin: Walther, Rechtstatsächliche Bestandsaufnahme zur Bedeutung der Güterrechtsregister bei den Amtsgerichten in der Bundesrepublik Deutschland, Fachhochschule Schmalkalden, Stand 30.11.2000). Ihren Untersuchungen nach gab es 1996 immerhin 6915 Eintragungen (S. 210 f.).

öffentlichung zu erfolgen hat, was zwar Parallelen bei sonstigen Publikationspflichten hat, die möglicherweise noch durch Publikationen in Printmedien erfüllt werden können (vgl. etwa § 3 a WpAV, dessen Auslegung freilich umstritten ist,[185] im Vergleich mit § 5 WpAV a. F.), und angesichts der Fülle von Veröffentlichungspflichten auch nicht überraschen kann,[186] deswegen in der Literatur aber noch lange nicht kommentarlos[187] hingenommen zu werden bräuchte. Weniger Einzelregelungen, ja ein Allgemei-

---

185 Vgl. Just/Voß/Ritz/Becker/Voß, WpHG, 2015, § 15 [a. F.], Rn. 328; Schwark/Zimmer/Zimmer/Kruse, Kapitalmarktrechtskommentar, 4. Auflage 2010, § 15 WpHG [a. F.], Rn. 117; Kölner Kommentar WpHG/Klöhn, 2. Auflage 2014, Anhang zu § 15 [a. F.], § 5 WpAV [a. F.], Rn. 13; Assmann/Schneider/Mülbert/Schneider, Wertpapierhandelsrecht, 7. Auflage 2019, § 40 WpHG, Rn. 38 ff.; Fuchs/Pfüller, WpHG Kommentar, 2. Auflage 2016, § 15 [a. F.], Rn. 316; Heidel/Roye/Fischer zu Cramburg, Aktienrecht und Kapitalmarktrecht, 4. Auflage 2014, § 15 WpHG [a. F.], Rn. 18; BT-Ds 15/2498, S. 49.

186 Vgl. nur die 128 Absätze des Art. 2 „Folgeänderungen" des Gesetzes zur Änderung von Vorschriften über Verkündung und Bekanntmachungen ... vom 22.12.2011, BGBl I 2011, S. 3044, 3046 ff.; außerdem die Aufzählung der über die Internetseite des Unternehmensregisters zugänglich zu machenden Informationen in § 8 b II HGB.

187 Vgl. jeweils zu § 1562 BGB BeckOGK BGB/Kilian, Stand 1.8.2019; MünchKommBGB/Kanzleiter, 7. Auflage 2017; BeckOK/Siede, Stand 1.8.2019; Soergel/Gaul/Althammer, 13. Auflage 2013; Krafka, Registerrecht, 11. Auflage 2019, Rn. 2341; Keidel/Heinemann, FamFG, 19. Auflage 2017, § 383, Rn. 18; dort fehlt auch, wie in Staudinger/Thiele, 2018, § 1562 BGB, jede Angabe darüber, welches das für die Veröffentlichungen bestimmte Blatt sein könnte; anders früher z. B. Planck/Unzner, 4. Auflage 1928, § 1562, Anm. 1: „Die Justizverwaltung kann über die Auswahl des Blattes Vorschriften treffen."; heute noch Erman/Heinemann, 15. Auflage 2017, § 1562 BGB, Rn. 1, mit der These, die Veröffentlichung habe „in dem vom Gericht bestimmten Blatt" stattzufinden (Wo und wie soll jedes einzelne Gericht sein Veröffentlichungsblatt bestimmen? Analog § 11 HGB a. F., § 11 HRV a. F.? Vgl. zu den Merkwürdigkeiten der §§ 11 HGB a. F., 11 HRV a. F. nur Staub/Hüffer, Erster Band, 4. Auflage, Stand 1.4.1982, § 11 HGB, Rn. 2 – Anweisungen der Justizverwaltung zur Auswahl sind unzulässig, siehe RGZ 58, 429 – , Rn. 6: Bekanntmachung der ausgewählten Blätter durch Aushang an der Gerichtstafel und Anzeige an die IHK, keine Veröffentlichung der Auswahl in der Presse; Rellermeyer, Rpfleger 1998, 505). BeckOGK BGB/Kilian, § 1558, Rn. 1, Stand 1.8.2019, äußert immerhin den Wunsch nach elektronischer Führung des Güterrechtsregisters. Dass immer wieder die Abschaffung dieses Registers gefordert wird (vgl. Walther-Reining, Das deutsche eheliche Güterrecht im 20. Jahrhundert, Anspruch und rechtstatsächliche Wirklichkeit, 2009, S. 274 ff., sowie den nicht publizierten Forschungsbericht derselben Autorin: Walther, Rechtstatsächliche Bestandsaufnahme zur Bedeutung der Güterrechtsregister bei den Amtsgerichten in der Bundesrepublik Deutschland, Fachhochschule Schmalkalden, Stand 30.11.2000, S. 69 f.), rechtfertigt jedenfalls

ner Teil des Registerrechts wären für Rechtssetzung und Rechtsanwendung gleichermaßen wünschenswert.

### h) Öffentlicher Glaube privat geführter Register

Dass die registerführende Stelle nicht notwendig eine hoheitlich-öffentliche sein muss, könnte man im Hinblick darauf, dass die Bundesanzeiger Verlag GmbH aufgrund der nach § 9 a I HGB erlassenen Verordnung über die Übertragung der Führung des Unternehmensregisters vom 15.12.2006 (BGBl I 2006, 3202) das Unternehmensregister als Beliehene, also eben doch hoheitlich führt, bezweifeln.[188] Die GmbH als juristische Person des Privatrechts wird aber durch die Beleihung nicht vertrauenswürdiger, vielmehr ist ihre Geeignetheit nach § 9 a I 5 HGB Voraussetzung der Beleihung (vgl. auch die Möglichkeiten zur Kündigung des Auftragsverhältnisses gemäß § 3 II Nr. 1-3 der Verordnung). Zudem bestehen zahllose Publikationspflichten, die Unternehmen durch Veröffentlichung im Bundesanzeiger zu erfüllen haben, ohne dass deshalb eine nicht rein privatrechtliche Ausgestaltung der Beziehungen zwischen der Bundesanzeiger Verlag GmbH und den Unternehmen vorgesehen wäre, was auch dadurch bestätigt wird, dass man allgemein davon ausgeht, dass die Bundesanzeiger Verlag GmbH einem Kontrahierungszwang unterliegt, sofern die Unternehmen zur Veröffentlichung im Bundesanzeiger verpflichtet sind,[189] und die

---

nicht seine Fortführung ohne elektronische Veröffentlichung der Eintragungen, vgl. Fehrenbacher, Registerpublizität und Haftung im Zivilrecht, 2004, S. 286.

188 Vgl. Vogt, Der öffentliche Glaube des Handelsregisters, 2003 (zugleich Dissertation Zürich 2011), § 10, Rn. 60, der eine Privatisierung der Handelsregisterführung nur für sinnvoll hält, sofern „der betraute Private die Mittel – einschliesslich des Instrumentariums staatlicher Hoheitsgewalt – mit übertragen erhält, welche die Effizienz der handelsregisterlichen Ordnung gewährleisten ...“

189 MünchKommAktG/Pentz, 5. Auflage 2019, § 25, Rn. 7 (die „Bundesanzeiger Verlagsgesellschaft mbH ... ist kein Aktienamt“); Kölner Kommentar zum AktG/Arnold, Band I, 3. Auflage 2011, § 25, Rn. 4 („der Bundesanzeiger ist keine staatliche Aufsichtsbehörde“); Bürgers/Körber/Lohse, AktG, 4. Auflage 2017, § 25, Rn. 4; Michalski/Blath, Kommentar zum GmbHG, 3. Auflage 2017, § 12, Rn. 8; Hölters/Solveen, AktG Kommentar, 3. Auflage 2017, § 25, Rn. 4; AktG Großkommentar/Röhricht/Schall, Erster Band, 5. Auflage 2016, § 25, Rn. 2; MünchKommGmbHG/Wicke, 3. Auflage 2018, § 12, Rn. 4; Henssler/Strohn/Schäfer, Gesellschaftsrecht, 4. Auflage 2019, § 12 GmbHG, Rn. 6; Roth/Altmeppen/Altmeppen, GmbHG, 9. Auflage 2019, § 12, Rn. 3; Ulmer/Habersack/Löbbe/Ulmer/Habersack, GmbHG Großkommentar, Band I, 2013, § 12, Rn. 3; Bork/Schäfer/Schroeter, Kommentar zum GmbHG, 4. Auflage 2019, § 12, Rn. 4.

Bundesanzeiger Verlag GmbH die Beziehungen zu ihren Kunden durch AGB[190] regelt, soweit es nicht um das Unternehmensregister geht, für das Allgemeine Nutzungsbedingungen[191] gelten. Weiter ist zu berücksichtigen, dass im Wertpapierhandelsrecht sogar eine Schadensersatzhaftung desjenigen, der sich zur Erfüllung seiner Veröffentlichungspflicht eines privaten Medienunternehmens bedient, wegen unterlassener oder inhaltlich unzutreffender Veröffentlichung durch das Medienunternehmen trotz ordnungsgemäßer Beauftragung durch den Veröffentlichungspflichtigen gemäß §§ 37 b, 37 c WpHG a. F. (bzw. §§ 97 f. n. F.) i. V. m. § 831 BGB[192] oder i. V. m. § 278 BGB[193] für möglich gehalten wird. Wenn eine Haftung für private Publikationserfüllungsgehilfen ohne Exkulpationsmöglichkeit oder zumindest eine Haftung wegen vermuteten Verschuldens des Publikationspflichtigen selbst dort bejaht wird, könnten auch z. B. § 892 BGB oder § 15 HGB entsprechende materiellrechtliche Publizitätswirkungen eines privatrechtlich geführten Registers angeordnet werden, sofern eine gewisse Zuverlässigkeit des Registerführenden sichergestellt wird.[194] Solange die Bekanntmachung der Eintragungen im Handelsregister noch auch

190 www.bundesanzeiger.de/ebanzwww/i18n/doc//D042.pdf?document=D5&language=de (zuletzt abgerufen am 9.1.2020).

191 www.bundesanzeiger.de/ebanzwww/i18n/doc//D088.pdf?document=D31&language=de (zuletzt abgerufen am 9.1.2020).

192 Assmann/Schneider/Sethe, WpHG, 6. Auflage 2012, § 37 c [a. F.], Rn. 103, 108; unentschieden Just/Voß/Ritz/Becker/Bruchwitz, WpHG, 2015, §§ 37 b, 37 c [a. F.], Rn. 56.

193 Schwark/Zimmer/Zimmer/Grotheer, Kapitalmarktrechtskommentar, 4. Auflage 2010, § 37 c WpHG [a. F.], Rn. 58, aber auch Rn. 53, Fn. 5; unentschieden Just/Voß/Ritz/Becker/Bruchwitz, WpHG, 2015, §§ 37 b, 37 c [a. F.], Rn. 56; für eine Haftung für Erfüllungsgehilfen gemäß § 278 BGB Kölner Kommentar KapMuG/Casper, 1. Auflage 2008, §§ 37 b, 37 c WpHG [a. F.], Rn. 35. Wo lediglich eine Pflicht besteht, Informationen Medien gemäß § 3 a WpAV zuzuleiten, kann Verschulden des Medienunternehmens bezüglich der unterbliebenen Veröffentlichung dem Verpflichteten, der korrekt zugeleitet hat, dagegen natürlich nicht zugerechnet werden, vgl. Schwark/Zimmer/Zimmer/Kruse, Kapitalmarktrechtskommentar, 4. Auflage 2010, § 15 WpHG [a. F.], Rn. 117; Assmann/Schneider/Assmann, WpHG, 6. Auflage 2012, § 15 [a. F.], Rn. 280b; Just/Voß/Ritz/Becker/Voß, WpHG, 2015, § 15 [a. F.], Rn. 327; Heidel/Royé/Fischer zu Cramburg, Aktienrecht und Kapitalmarktrecht, 4. Auflage 2014, § 15 WpHG [a. F.], Rn. 18; BT-Ds 15/2498, S. 49, rechte Spalte, S. 50 f., Zu Nummer 8.

194 Vgl. Vogt, Der öffentliche Glaube des Handelsregisters, 2003 (zugleich Dissertation Zürich 2011), § 10, Rn. 60: eine Privatisierung des Handelsregisters wäre unschädlich, wenn der „betraute Private … nicht am Geschäftsverkehr teilnimmt und … zur Beobachtung der Regeln verpflichtet wird, die den Beitrag des Handelsregisters zu einer effizienten Informationsordnung sicherstellen."

durch Veröffentlichung in der privatrechtlichen Presse erfolgte, also bis

---

Vogt fordert aber zusätzlich, dass dem Privaten das „Instrumentarium staatlicher Hoheitsgewalt … übertragen" wird. In England und Wales ist eine Privatisierung des Land Registry 2016 diskutiert und von der Regierung im Ergebnis abgelehnt worden, vgl. van Erp, European Property Law Journal 2017, 1. All diejenigen, die sich für einen Einsatz der Blockchain-Technologie zwecks Führung von Grundbüchern, Handelsregistern etc. bzw. den Ersatz dieser staatlichen Register durch Blockchains aussprechen, müssen erklären, wie sie die Einhaltung das „Eintragungsverfahren" regelnder Rechtsvorschriften sicherstellen wollen; viele halten das, wohl zu Recht, ohne „public intervention", ohne mit hoheitlichen Befugnissen in die Blockchain eingreifende Stellen, für wenig realistisch, so z. B. Nogueroles Peiró/Martinez García, European Property Law Journal 2017, 296 ff.; Heekin, Journal of Business and Securities Law 17 (2016), 67, 107 f. („The public would be given access to view the NNR [National Mortgage Notes Registry] once the entries had been verified by the Register of Notes staff but would not be able the [sic! – gemeint ist offenbar: „to"] affect any entries to the blockchain."); Verheye, European Property Law Journal 2017, 441, 453 ff., 463 ff., 475 ff.; Thomas, European Property Law Journal 2017, 361 ff.; Wilsch, DNotZ 2017, 761, 768, 786; Knaier/Wolff, BB 2018, 2253, 2258; Bormann, ZGR 2017, 621, 631 f., 637 f.; a. A. (ohne ausführliche Begründung) Eschenbruch/Gerstberger, NZBau 2018, 3, 4 („das Grundbuchwesen ist ein Bereich, in dem gegenwärtig einer zentralen Stelle hohes Vertrauen entgegen gebracht werden muss – gerade dieses Vertrauen in eine zentrale Instanz kann aber durch die Blockchain entbehrlich werden"); Martini, DÖV 2017, 443, 454; Paal, ZGR 2017, 590, 608 f. Die „Blockchain-Strategie der Bundesregierung" (https://www.bmwi.de/Redaktion/DE/Publikationen/Digitale-Welt/blockchain-strategie.pdf?__blob=publicationFile&v=10 [zuletzt abgerufen am 9.1.2020]) bleibt (erfreulich) skeptisch, vgl. S. 19: „Die Bundesregierung sieht es … nicht als Selbstzweck, … bestehende öffentliche Register durch Blockchain-basierte Lösungen zu ersetzen. Stattdessen sollen im Einzelfall der Bedarf und die Sinnhaftigkeit der Umsetzung von Verwaltungsprozessen mittels Blockchain-Technologien geprüft werden. Beispielsweise scheint eine Sinnhaftigkeit nicht gegeben, wenn öffentliche Register auch der inhaltlichen rechtlichen Prüfung durch staatliche Stellen dienen (vor allem Grundbuch und Handelsregister und Personenstandsregister)." Eine „idealtypische Blockchain", die „das Bedürfnis nach einem die Datenbank betreuenden, vertrauenswürdigen (Intermediär)" entfallen ließe (Paulus, JuS 2019, 1049), kann daher bis auf Weiteres nicht an die Stelle der klassischen öffentlichen Register treten. Wenn Blockchains darauf beruhen, dass das „Vertrauen in den Staat … durch Vertrauen auf die Technik ersetzt" wird (Weiss, JuS 2019, 1050, 1051), eignen sie sich nicht als Ersatz öffentlicher Bücher, die aufgrund der Verfahren der Buchführung auch eine Vermutung der inhaltlichen Richtigkeit des Registerinhalts erlauben. Nicht ohne Widersprüche Weiss, JuS 2019, 1050, 1051, wonach eine Blockchain nicht sicherstellt, „dass die hinterlegte Information inhaltlich richtig ist", und im Gegensatz dazu 1053: „Der in der Blockchain niedergelegte Zustand ist zugleich die (virtuelle) Realität. Demzufolge kann es nicht zum Auseinanderfallen von Schein und Sein kommen, was aber das Ausgangsszenario jeden Gutglaubenserwerbs

Ende 2006, konnte tatsächlich ein Fehler des Presseunternehmens die positive Publizität nach dieser Vorschrift begründen. Ob das Presseunternehmen bei der Veröffentlichung in Ausübung eines öffentlichen Amtes handelte, wurde wenig diskutiert.[195]

### *i) Öffentlich einsehbare und geheime Register ohne öffentlichen Glauben: Viel Lärm um (fast) nichts*

Wo Register öffentlich einsehbar sind und nach einem hoheitlich festgelegten Verfahren geführt werden, sollten sie prinzipiell auch öffentlichen Glauben genießen, denn die freie Zugänglichkeit und der betriebene Aufwand[196] wecken beim Publikum Vertrauen, das nicht enttäuscht werden sollte, sofern zugleich den potenziell Betroffenen hinreichende Kontroll- und Widerspruchsmöglichkeiten eingeräumt sind. Schon Mayer hat in seinem Kommentar zum württembergischen Pfandgesetz von 1825 überzeugend erklärt, der Gesetzgeber, der ein solches Register einrichte, müsse „in folgerechter Natürlichkeit, Vertrauen erhaltend wie herbeiführend, Treue bewährend wie einflößend bestimmen", dass ein redlicher Erwerber „gegen alle Rechte und Ansprüche gesichert werde, welche" aus dem Register nicht „ersichtlich waren."[197] Auch heute ist etwa mit Fehrenbacher festzustellen, dass die „Auferlegung von Anmeldepflichten für ein Register und die damit verbundene Information des Rechtsverkehrs ... letztlich nur sinnvoll (ist), wenn in Bezug auf die Eintragungen ein gewisses Maß an Vertrauensschutz gewährleistet wird."[198] Öffentlich zugängliche Register

---

wäre." Der Glaube an die Unfehlbarkeit der Technik wiederholt so die Fehler der Formalaktstheorie (dazu im Text unten 11.) mit ihrem Glauben an die Unfehlbarkeit des Staates.

195 Ausführlich Gammelin, Rechtsscheinhaftung des Kaufmanns und Regreßansprüche gegen den Staat bei fehlerhaftem Publikationsakt der Presse, Dissertation Bochum 1972, S. 127 ff., im Ergebnis bejahend, vgl. insbesondere S. 152 ff.; zustimmend v. Olshausen, ZHR 138 (1974), 176 f.; Deschler, Handelsregisterpublizität und Verkehrsschutz, Dissertation Tübingen 1977, S. 271, Fn. 93, S. 276 f.; Schmidt, Handelsrecht, Unternehmensrecht I, 6. Auflage 2014, § 14, Rn. 100.

196 Vgl. Fehrenbacher, Registerpublizität und Haftung im Zivilrecht, 2004, S. 247; MünchKommBGB/Kohler, 7. Auflage 2017, § 892, Rn. 2.

197 M. S. Mayer, Commentar des Neuen Würtembergischen Pfand-Gesetzes, Erster Theil, 1825, S. 350 f. Vgl. dazu Kiehnle, Der Erwerb kraft öffentlichen Glaubens in der württembergischen Pfandgesetzgebung von 1825/1828 und im Bürgerlichen Gesetzbuch, 2004, S. 56, mit Fn. 85.

ohne materielle Publizität sind deshalb zweckwidrig.[199] Das gilt im geltenden Recht beispielsweise für das Unternehmens- (§§ 8 b, 9 a HGB),[200] das

---

198 Fehrenbacher, Registerpublizität und Haftung im Zivilrecht, 2004, S. 191 und 224. Fehrenbacher hält dort, wo der dem Register Vertrauende nicht durch Ermöglichung eines Rechtserwerbs vom Nichtberechtigten geschützt werden kann, weil etwa nicht Rechte, sondern sonstige Informationen publik zu machen sind, Schadensersatzpflichten des Veröffentlichungspflichtigen für geboten, vgl. S. 518 ff.

199 Vorsichtiger zunächst Regelsberger, Studien im bayerischen Hypothekenrechte, 1872, S. 81 f.: „Es könnte die Offenheit des Hyp.-Buches angenommen werden ohne Oeffentlichkeit der Hyp.-Rechte." Dann aber sehr entschieden wie hier S. 87 f.: Soll das frei einsehbare Buch „nicht seinen Zweck verfehlen oder geradezu zum Fallstricke werden, so muß sich damit [mit der formellen Publizität] eine Bürgschaft für die Wahrheit der darin gegebenen Darstellung der Rechtsverhältnisse verbinden." Ebenso Regelsberger, Das Bayerische Hypothekenrecht, 1874, S. 135 f. Johow bei Schubert (Hrsg.), Die Vorlagen der Redaktoren für die erste Kommission zur Ausarbeitung des Entwurfs eines Bürgerlichen Gesetzbuches, Sachenrecht, Teil 1, 1982, S. 306: „... können die Betheiligten auf den Inhalt des Buches sich nicht verlassen, so sind sie der Gefahr der Täuschung ausgesetzt, und die ganze Einrichtung wirkt mehr schädlich als nützlich." Motive der Ersten Kommission bei Mugdan (Hrsg.), Die gesammten Materialien zum Bürgerlichen Gesetzbuch für das Deutsche Reich, III. Band, 1899, S. 115. Ähnlich schon zum Handelsregister Herzog, Blätter für Rechtspflege in Thüringen und Anhalt 17 (1870), 217, 220 ff., insbesondere 223 ff. (224: „denn wozu der umständliche Apparat, wenn er schließlich doch Privatnachforschungen ... nicht verüberflüssigt und ... alles dem Privatrisiko unterwirft?"). Vgl. gegen öffentliche Bücher ohne materielle Publizität auch Plathner, Juristische Wochenschrift für die Preußischen Staaten 13 (1847), Spalte 469, 474: ohne materielle Publizität „ist die Untrüglichkeit des Grundbuches (Hypothekenbuches) eine leere Redensart und der Glauben daran eine Chimäre." Reid in Schmoeckel (Hrsg.), Übertragung von Immobilienrechten im internationalen Vergleich, 2018, S. 209, 229: „if acquirers cannot rely on what they see on the register..., much of the value of registration of title is taken away." Gegen die These, „die Publizität nicht rechtsbeständiger rechtlicher Verhältnisse sei sinnlos", Vogt, Der öffentliche Glaube des Handelsregisters, 2003 (zugleich Dissertation Zürich 2001), § 3, Rn. 32 f. (mit zahlreichen Nachweisen zu dieser von ihm bekämpften Auffassung in Fn. 33), der die „(reine) Publizität" ohne „Richtigkeitsgewähr" und damit „ohne einen gleichzeitigen Zweck der Verkehrssicherheit" für zweckgemäß erklärt; dazu auch Rn. 106 ff., insbesondere 113, 114 ff., 119 ff.

200 Einsehbar gemäß § 9 VI HGB, § 13 URV. Zur fehlenden materiellen Publizität Oetker/Preuß, HGB, 6. Auflage 2019, § 8 b, Rn. 2, 6; Ebenroth/Boujong/Joost/Strohn/Schaub, HGB, 3. Auflage 2014, § 8 b, Rn. 4; Schmidt, Handelsrecht, Unternehmensrecht I, 6. Auflage 2014, § 13, Rn. 11. Warum man die Daten aus dem öffentlich einsehbaren elektronischen Handelsregister noch elektronisch bekanntgeben und zusätzlich auch über das Unternehmensregister zugänglich machen muss, erschließt sich mir nicht; die von der Eintragung zu unterschei-

Patent- (§ 30 PatG)[201] und das Markenregister (§ 41 MarkenG, §§ 24 ff. MarkenV).[202] Der Gesetzgeber, der solche Register eingeführt hat, sollte also überlegen, ob er ihnen materielle Publizität beilegt[203] oder ob er sie ab-

---

dende Bekanntmachung hat angesichts des möglichen Direktzugriffs ihren Sinn verloren. Vorsichtiger formulieren Staub/Koch, Erster Band, 5. Auflage 2009, § 10 HGB, Rn. 1 (die „doppelgleisige Ausgestaltung der Publizität (hat) ihre Rechtfertigung weitgehend verloren") und Schmidt, ZIP 2002, 413, 419 f.

201 Einsehbar gemäß § 31 PatG, vgl. die Veröffentlichung durch das Patentamt nach § 32. Zur fehlenden materiellen Publizität Kraßer/Ann, Patentrecht, 7. Auflage 2016, § 23, Rn. 180, 190 ff.; Busse/Keukenschrijver/Keukenschrijver, PatentG, 8. Auflage 2016, § 30, Rn. 37; Engels, Patent-, Marken- und Urheberrecht, 10. Auflage 2018, Rn. 132; Jänich, Geistiges Eigentum – eine Komplementärerscheinung zum Sacheigentum?, 2002, S. 281 ff.; ferner Ohly, GRUR 2016, 1120, 1121, 1126 („Das Patentregister ändert weder die materielle Rechtslage noch fingiert es (unwiderleglich) die materielle Berechtigung des Eingetragenen."); gegen „Gutglaubensschutz" und „öffentlichen Glauben der Patentrolle" trotz grundsätzlich abweichender Interpretation des § 30 PatG auch Rogge, GRUR 1985, 734, 739.

202 Einsehbar gemäß § 62 MarkenG, vgl. die Veröffentlichung durch das Markenamt nach § 41 MarkenG, § 27 f. MarkenV. Zur fehlenden materiellen Publizität BPatG, GRUR 2004, 1030, 1031, unter II 2 b; OLG Hamburg, BeckRS 2013, 16830 (5 U 16/11), unter II 3 c aa; Engels, Patent-, Marken- und Urheberrecht, 10. Auflage 2018, Rn. 132; Fezer, Markenrecht, 4. Auflage 2009, § 41 MarkenG, Rn. 4, § 28, Rn. 15; Ingerl/Rohnke, MarkenG, 3. Auflage 2010, § 27, Rn. 14 (kein öffentlicher Glaube), § 28, Rn. 3 (zur umstrittenen negativen Publizität des Gemeinschafts-/Unionsmarkenregisters nach Art. 23 I der Gemeinschaftsmarken-VO/UMV EG 207/2009; zur Nachfolgeregelung BeckOK Markenrecht/Taxhet, Art. 27 UMV = VO EU 2017/1001, Rn. 1 f., 10, Stand 1.7.2019; EuGH GRUR Int 2016, 350; OLG Düsseldorf GRUR Int 2015, 957; Quadbeck, Das Publizitätsprinzip im Immaterialgütervertragsrecht der Europäischen Union, 2011, S. 86-142, 171 ff., dort S. 142 ff. auch zu denkbaren Möglichkeiten der Begründung positiver Publizität de lege lata, Überlegungen de lege ferenda S. 194 ff.); BeckOK Markenrecht/Taxhet, § 27 MarkenG, Rn. 32, Stand 1.7.2019; Jänich, Geistiges Eigentum – eine Komplementärerscheinung zum Sacheigentum?, 2002, S. 284 ff., auch zu entsprechenden (gescheiterten) Gesetzgebungsvorschlägen (namentlich § 27 des Diskussionsentwurfs eines Gesetzes zur Reform des Markenrechts aus dem Bundesministerium der Justiz, abgedruckt in GRUR 1993, 599, 606).

203 Vgl. de lege ferenda Jänich, Geistiges Eigentum – eine Komplementärerscheinung zum Sacheigentum?, 2002, S. 283 f., 286 f.; Ahrens/McGuire, Modellgesetz für Geistiges Eigentum, 2012, S. 338 ff., insbesondere S. 344 ff. („negative Publizität", aber keine „positive Publizität" des Registers); Meyer, rescriptum 2014, 40, insbesondere 44 ff. (http://www.rescriptum.org/Aufs%C3%A4tze/2014_1_040_Meyer.pdf [zuletzt abgerufen am 9.1.2020]).

schafft, wie das 1985 mit dem Kartellregister geschehen ist.[204] Bei „geheimen“, also nicht jedermann öffentlich zugänglichen Registern (etwa Bundeszentralregister,[205] Fahreignungsregister,[206] Schutzschriftenregister[207]) stellt sich das anders dar.[208] Sie können allenfalls individuell Vertrauen bei demjenigen, dem Zugang zu ihrem Inhalt gewährt wird, wecken. Wo Privatpersonen kein Einsichtsrecht haben, ist ihre eventuell indirekt erlangte Kenntnis auch nicht schutzwürdig. Dem von der Bundesnotarkammer gemäß § 78 II BNotO geführten Zentralen Testamentsregister kann schon aus diesem Grund (und deshalb, weil es nach § 78 d keine Angaben über den Inhalt[209] der erbfolgerelevanten Urkunden, vgl. die Legaldefinition in § 78 d II 1, sondern nur Verwahrangaben, vgl. die Legaldefinition in § 78 d II 2 sowie § 1 ZTRV, über die ein öffentlich beurkundetes oder in öffentliche Verwahrung genommenes Dokument verwahrende Stelle enthält) kein öffentlicher Glaube im Sinne von materieller Publizität zukommen, denn die Registerbehörde benachrichtigt nach § 78 e nur Nachlassgerichte und verwahrende Stelle und gibt nach § 78 f auch nur Gerichten und Notaren Auskunft und Einsicht (vgl. auch § 7 f. ZTRV, außerdem § 12 II

---

204 Änderung des § 9 GWB und Aufhebung der Kartellregisterverordnung durch das Gesetz zur Bereinigung wirtschaftsrechtlicher Vorschriften, BGBl 1985 I, 457. Bis zur Abschaffung des Registers galt laut Möschel, Recht der Wettbewerbsbeschränkungen, 1983, Rn. 337: „Dem Register kommt kein öffentlicher Glaube zu, weder positiver noch negativer Art. Der Zweck des Registers ... liegt ausschließlich in einer Publizitätsfunktion.“ Die Abschaffung wurde in der Begründung zum Regierungsentwurf (BT-Ds 10/1790, S. 6 = BR-Ds 96/84, S. 10) folgendermaßen begründet: „Die Effizienz des Registers hat sich in der Vergangenheit als gering erwiesen. Die Einsichtnahme Dritter hält sich in sehr engen Grenzen. Auf das Register kann daher verzichtet werden.“ Zwecks „Transparenz“ wurde aber ein „Auskunftsrecht für jedermann“ eingeführt (§ 9 IV GWB, vgl. BT-Ds 10/1790, S. 6, 7 = BR-Ds 96/84, S. 10, 13), außerdem bestanden diverse Pflichten zur Veröffentlichung im Bundesanzeiger (§ 10 GWB). Vgl. zur „Kartellpublizität“ in anderen Staaten auch Merkt, Unternehmenspublizität, 2001, S. 168 f.

205 Ausführlich geregelt durch das BZRG.

206 Vgl. §§ 28 ff. StVG.

207 Vgl. §§ 945 a, 945 b ZPO und die Schutzschriftenregisterverordnung (SRV).

208 Die doppelte Bedeutung des Adjektivs öffentlich zeigt sich in diesem Zusammenhang auch bei Schwaratzki, Verwaltungsrundschau 1991, 163, die unter der Überschrift „Die öffentlichen Register ... und ihre Funktion“ einleitend bemerkt: „Neben fast völlig öffentlichen Registern, wie etwa das [sic!] Handelsregister, gibt es andere, die praktisch nur für Behörden und Gerichte selbst geführt werden ...“

209 So auch Diehn/Diehn, BNotO, 2. Auflage 2019, § 78 d, Rn. 48.

ZTRV). Wenn ein „nichtöffentliches Register“[210] keinen öffentlichen Glauben genießen kann, obwohl es von einer öffentlichen Registerbehörde geführt wird, zeigt das die Berechtigung der Frage, warum der nicht öffentlich einsehbare, nirgends registrierte oder öffentlich bekanntgemachte Erbschein vom Gesetzgeber mit öffentlichem Glauben versehen worden ist.

---

210 Diehn/Diehn, BNotO, 2. Auflage 2019, § 78 b, Rn. 4, § 78 f, Rn. 2.

## 10. Der öffentliche Glaube des Erbscheins

In den Beratungen zum BGB konnte man auf nur relativ wenig Erfahrungen mit dem noch jungen Institut des Erbscheins zurückgreifen.[211] Ein Antrag von Jacubezky[212], ein öffentliches, für jeden einsehbares (vgl. § 2079 a des Antrags) Erbschaftsregister einzurichten (vgl. § 2068) und Dritte, die in Unkenntnis der Unrichtigkeit der Eintragung eines Erben (vgl. § 2077 II) mit dem Eingetragenen Rechtsgeschäfte abschließen, zu schützen, sofern im Erbschaftsregister kein Widerspruch eingetragen ist (vgl. § 2077 a),[213] wurde in der Zweiten Kommission ohne eingehende Diskussion abgelehnt.[214] Ein erneuter Anlauf Bayerns im Bundesrat, für

---

211 Vgl. zur Geschichte des Erbscheins, der seine Wurzeln in deutschen Partikularrechten des 19. Jahrhunderts, insbesondere im preußischen Recht hat, Hirsch, Von der Erbbescheinigung des Preußischen Rechts zum Erbschein des Bürgerlichen Gesetzbuchs, 2004; dort (S. 49 ff.) auch ausführlich zum preußischen Gesetz betreffend die Ausstellung gerichtlicher Erbbescheinigungen von 1869, in dessen § 6 geregelt war, dass der wahre Erbe „die von dritten Personen redlicher Weise mit dem in der Erbbescheinigung benannten Erben über den Nachlaß vorgenommenen Rechtsgeschäfte ... gegen sich gelten lassen muß." Kurz auch Staudinger/Herzog, 2016, Einleitung zu §§ 2353-2370 BGB, Rn. 41 ff. Mommsen, Entwurf eines Deutschen Reichsgesetzes über das Erbrecht nebst Motiven, 1876, äußerte sich nicht zur Möglichkeit eines Erbscheins; vgl. dazu auch Andres, Der Erbrechtsentwurf von Friedrich Mommsen, 1996 (zugleich Dissertation Frankfurt a. M. 1995), S. 465 f., 492.

212 Vgl. zu ihm Finkenauer, ZRG GA 131 (2014), 325, der ihm mit gutem Grund bescheinigt (S. 361 f.), er habe „alle wesentlichen Eigenschaften eines guten Gesetzgebers" besessen und sei „ein exzellenter Dogmatiker [gewesen], der über mehr Scharfsinn verfügte als jedes andere Mitglied der zweiten Kommission," wobei ihm auch „neue, originelle Lösungen nicht fremd waren, wenn sie interessengerecht erschienen." Außerdem schon Schubert, Bayern und das Bürgerliche Gesetzbuch, 1980, S. 4: „Jacubezky ..., dem wohl exzellentesten Dogmatiker, über den die BGB-Kommissionen je verfügten"; S. 21: „Unbefangen versuchte er auch, neue Wege zu beschreiten ..."

213 Vgl. Jakobs/Schubert (Hrsg.), Die Beratung des Bürgerlichen Gesetzbuchs in systematischer Zusammenstellung der unveröffentlichten Quellen, Erbrecht, 2. Teilband, 2002, S. 2122 ff.

214 Vgl. Jakobs/Schubert (Hrsg.), Die Beratung des Bürgerlichen Gesetzbuchs in systematischer Zusammenstellung der unveröffentlichten Quellen, Erbrecht, 2. Teilband, 2002, S. 2126 (Ablehnung des Antrags 1). Mugdan (Hrsg.), Die gesammten Materialien zum Bürgerlichen Gesetzbuch für das Deutsche Reich, V. Band, 1899, S. 834, Nr. 2: „Erwogen wurde: Es sei nicht wünschenswerth, ohne

den man unschwer Jacubezky als treibende Kraft erahnen kann,[215] fand ebenfalls keine Unterstützung.[216] So wurde die Chance nicht genutzt, die in der Sitzung vom 16.3.1887 protokollierten fragwürdigen Äußerungen in der Ersten Kommission, „(wenn) auch über das Erbrecht nicht in ähnlicher Weise öffentlich Buch geführt werde, wie über die Rechtsverhältnisse der Grundstücke“, müsse „das Vertrauen eines Dritten auf die Richtigkeit der Feststellung des Nachlaßgerichtes ... geschützt werden“, weil „das Nachlaßgericht durch den Erbschein (doch) in gewisser Weise in die Oeffentlichkeit hinein(rede)“,[217] und die Vermutung der Richtigkeit des Erbscheins solle der Vermutung der Richtigkeit des Grundbuchs entsprechen,[218] einer gründlichen Überprüfung zu unterziehen. Spätere Kritiker

besonderen Grund die Zahl der öff. Register noch zu vermehren.“ Vgl. pro und contra „Erbrechtsbuch“ auch Muscheler, Erbrecht, Band II, 2010, Rn. 3269 f., und JURA 2009, 329, 330. Andere europäische Staaten kennen mittlerweile öffentlich zugängliche Erbregister, die auch Informationen über erteilte Erbscheine beinhalten, vgl. jedenfalls so zu Estland Süß/Bergmann/Saaber, Erbrecht in Europa, 3. Auflage 2015, Estland, Rn. 26 f. (S. 456), zum Erbschein auch Rn. 51 (S. 462); ferner zum offenbar weniger inhaltsreichen italienischen Erbschaftsregister Süß/Cubeddu/Wiedemann/Wiedemann, Italien, Rn. 259 f. (S. 760).

215 Vgl. Finkenauer, ZRG GA 131 (2014), 325, 350 f., zur Unterstützung Hellers durch Jacubezky im Justizausschuss des Bundesrats; Schubert, Bayern und das Bürgerliche Gesetzbuch, 1980, S. 21.

216 Vgl. Jakobs/Schubert (Hrsg.), Die Beratung des Bürgerlichen Gesetzbuchs in systematischer Zusammenstellung der unveröffentlichten Quellen, Erbrecht, 2. Teilband, 2002, S. 2133.

217 Vgl. Jakobs/Schubert (Hrsg.), Die Beratung des Bürgerlichen Gesetzbuchs in systematischer Zusammenstellung der unveröffentlichten Quellen, Erbrecht, 2. Teilband, 2002, S. 2144, Nr. 1; Mugdan (Hrsg.), Die gesammten Materialien zum Bürgerlichen Gesetzbuch für das Deutsche Reich, V. Band, 1899, S. 304 f. Außerdem S. 304 unten: der Erbschein sei „wie das Grundbuch ... bestimmt ..., den Erben gegenüber Jedem festzustellen. Dazu kommt, daß das Grundbuch, sofern es sich um die Buchung des Erben handelt, selbst auf dem Erbscheine beruht, und daß nicht wünschenswerth ist, verschiedene Wirkungen eintreten zu lassen, je nachdem der Erbe gebucht oder nicht gebucht ist.“

218 Vgl. Jakobs/Schubert (Hrsg.), Die Beratung des Bürgerlichen Gesetzbuchs in systematischer Zusammenstellung der unveröffentlichten Quellen, Erbrecht, 2. Teilband, 2002, S. 2138 oben, vor Nr. 2; Mugdan (Hrsg.), Die gesammten Materialien zum Bürgerlichen Gesetzbuch für das Deutsche Reich, V. Band, 1899, S. 303, zu § 2076. Ferner S. 877 unten (Denkschrift): „Die Ertheilung eines Erbscheines hat ... eine ähnliche Bedeutung, wie eine Eintragung in das Grundbuch ...“ Schon v. Schmitt hatte als zuständiger Redaktor der ersten Kommission in der Begründung seines Erbrechtsentwurfs bezüglich der Wirkung des Erbscheins von einer „Analogie des Publizitätsprinzips beim Grundbuch“ gesprochen, vgl. Schubert (Hrsg.), Die Vorlagen der Redaktoren für die erste Kommis-

des Erbscheins haben die Unterschiede zwischen ihm und dem Grundbuch, die sich insbesondere auf die Rechtfertigung des durch beide begründeten öffentlichen Glaubens auswirken, klar herausgestellt.[219] Zwar beruhen Grundbucheintragungen und Erbschein (und auch das Europäische Nachlasszeugnis, auf dessen Wirkungen nach Art. 69 EuErbVO = VO (EU) 650/2012 hier nicht eingegangen werden soll) auf Hoheitsakten,[220] dem durch den öffentlichen Glauben des Erbscheins Gefährdeten fehlt aber anders als dem gegen den Grundbuchinhalt Widerspruchsberechtigten die Möglichkeit, sich durch einigermaßen leicht zu bewerkstelligende wenigstens vorläufige Eintragungen zu schützen, denn ein Widerspruch gegen den Erbschein ist nicht vorgesehen[221] und wäre er es, könnte sich der am Erbscheinsverfahren nicht zwangsläufig beteiligte wahre Erbe doch mangels eines Erbscheinsregisters nicht zuverlässig und einfach über Existenz und Inhalt von etwa erteilten Erbscheinen und damit die Notwendig-

---

sion zur Ausarbeitung des Entwurfs eines Bürgerlichen Gesetzbuches, Erbrecht, Teil 2, 1984, S. 181 unten.

219 Endemann, Lehrbuch des Bürgerlichen Rechts, Dritter Band, 8. und 9. Auflage 1920, § 143 II, S. 1084 f.; Muscheler, Erbrecht, Band II, 2010, Rn. 3282 ff. und JURA 2009, 329, 332 ff. Lemke, Der Erbschein im System der Gutglaubensvorschriften, Dissertation Göttingen 1981, S. 2 ff., sieht diese Unterschiede (wie v. Reibnitz, Der öffentliche Glaube des Erbscheins im Vergleich mit dem öffentlichen Glauben des Grundbuchs, Dissertation Rostock 1902, S. 85) nicht und hält die Kritik Endemanns ohne eingehende Untersuchung für nicht gerechtfertigt, S. 125.

220 Das räumen auch Kritiker des öffentlichen Glaubens des Erbscheins ein, vgl. Muscheler, Erbrecht, Band II, 2010, Rn. 3281, und JURA 2009, 329, 332.

221 Muscheler, Erbrecht, Band II, 2010, Rn. 3282 (7), 3287, und JURA 2009, 329, 333 f. v. Reibnitz, Der öffentliche Glaube des Erbscheins im Vergleich mit dem öffentlichen Glauben des Grundbuchs, Dissertation Rostock 1902, S. 59 f., bemerkt (wie später Fischer, Die Vermutung und der öffentliche Glaube des Erbscheins §§ 2365-2367 BGB. im Verhältnis zu den allgemeinen Vorschriften zu Gunsten derjenigen, welche Rechte von Nichtberechtigten herleiten ..., Dissertation Heidelberg 1907, S. 33; Adlerstein, Rechtsgeschäfte des legitimierten Scheinerben an Nachlassgrundstücken, Dissertation Bonn 1930, S. 36 f.), dass dem Dritten der Grundbuchwiderspruch unabhängig von der Kenntnis des Widerspruchs schadet, weil jeder Interessent Einsicht ins Grundbuch nehmen kann, während das Verlangen der Herausgabe des Erbscheins durch das Nachlassgericht dem Dritten nur schadet, wenn er dieses Herausgabeverlangen kennt (§ 2366 a. E.), äußert sich indes nicht zu den auch diesbezüglich durch das Fehlen einer Widerspruchsmöglichkeit beeinträchtigten Interessen des wahren Erben.

keit eines Widerspruchs informieren.[222] Dem wahren Erben kann also anders als dem wahren Inhaber eines Grundstücksrechts ein öffentlich sichtbares Schweigen nicht angelastet werden.[223] Es sind Konstellationen denkbar, in denen der wahre Erbe, z. B. der durch ein eigenhändiges Testament wirksam als Alleinerbe Eingesetzte, vom konkurrierenden Prätendenten, der sich beispielsweise auf sein vermeintliches gesetzliches Erbrecht beruft und mit Erfolg einen Erbschein beantragt, nicht mit dessen Ansprüchen konfrontiert wird, vom Erbschein (trotz der seine Information eben nicht garantierenden §§ 345 I, 352 d FamFG) nichts erfährt, deshalb nachvollziehbar keinen Anlass sieht, seinerseits einen Erbschein zu beantragen, und dennoch durch Verfügungen des Erbscheinserben für ihn völlig überraschend zum Nachlass gehörende Gegenstände verliert.[224] Öffentliche Zugänglichkeit, die den öffentlichen Glauben des Grundbuchs in vielen Fällen legitimiert, kann denjenigen des Erbscheins nicht rechtfertigen, denn

222 Vgl. Endemann, Lehrbuch des Bürgerlichen Rechts, Dritter Band, 8. und 9. Auflage 1920, § 143 II, S. 1085, Nr. 5; Muscheler, Erbrecht, Band II, 2010, Rn. 3288 f. Deshalb nicht überzeugend Hellwig, Wesen und subjektive Begrenzung der Rechtskraft, 1901, S. 459, wonach es irrelevant sei, ob ein öffentlich einsehbares Erbschaftsregister geführt wird „oder ob nur Einzelakten geführt werden, deren Einsicht gestattet ist". Wenn der wahre Erbe gegen die Eintragung des durch Erbschein ausgewiesenen Scheinerben im Grundbuch einen Widerspruch hat eintragen lassen, können ihm Verfügungen des Scheinerben über das Grundstück nicht mehr schaden; der Erbschein setzt sich gegen den Grundbuchwiderspruch nicht durch, vgl. Adlerstein, Rechtsgeschäfte des legitimierten Scheinerben an Nachlassgrundstücken, Dissertation Bonn 1930, S. 38 f.; Lemke, Der Erbschein im System der Gutglaubensvorschriften, Dissertation Göttingen 1981, S. 93; Staudinger/Herzog, 2016, § 2366 BGB, Rn. 46; MünchKommBGB/Grziwotz, 7. Auflage 2017, § 2366, Rn. 39; Wiersch, Der gutgläubige Erwerb von GmbH-Anteilen, 2009, S. 147; a. A. Eßlinger, Der Erbschein nach dem Bürgerlichen Gesetzbuche für das Deutsche Reich, Dissertation Würzburg 1902, München 1902, S. 98 f.; Weiner, Der Erbschein nach dem Deutschen Bürgerlichen Gesetzbuch, Dissertation Leipzig 1904, S. 73; Fischer, Die Vermutung und der öffentliche Glaube des Erbscheins §§ 2365-2367 BGB. im Verhältnis zu den allgemeinen Vorschriften zu Gunsten derjenigen, welche Rechte von Nichtberechtigten herleiten …, Dissertation Heidelberg 1907, S. 43.

223 Endemann, Lehrbuch des Bürgerlichen Rechts, Dritter Band, 8. und 9. Auflage 1920, § 143 II, S. 1085, Nr. 4 f.; Muscheler, Erbrecht, Band II, 2010, Rn. 3282 (3). Vgl. zum originellen Gedanken von Thomale, JuS 2010, 857, 859, der Erbe müsse sich zurechnen lassen, dass der Erblasser nicht jeden Zweifel hinsichtlich der Erbfolge verhindert hat, oben Fn. 128 a. E.

224 Vgl. Endemann, Lehrbuch des Bürgerlichen Rechts, Dritter Band, 8. und 9. Auflage 1920, § 143 II, S. 1085, Nr. 5; Muscheler, Erbrecht, Band II, 2010, Rn. 3282 (3).

dem „Erbschein fehlt die Publizität des Grundbuchs. Es gibt auch kein öffentliches Erbscheinregister. Die Erbscheinerteilung vollzieht sich im Stillen …“[225] Der öffentliche Glaube des Erbscheins beruht mithin anders als der des Grundbuchs nur „auf der öffentlichrechtlichen Beurkundung, nicht auf der Offenkundigkeit des Rechtsscheins.“[226]

Auch diejenigen, die Rechtsgeschäfte mit dem Erben tätigen wollen, können nicht sicher sein, dass ein Erbschein zugunsten eines anderen Prätendenten nicht existiert. Dass sie sich einen Erbschein vorlegen lassen, erweckt zwar ihr Vertrauen in seine aufgrund des zu beachtenden Verfahrens wahrscheinliche Richtigkeit, hat aber nichts mit Öffentlichkeit im Sinne freier Zugänglichkeit zu tun.[227] Dass man sowohl vom öffentlichen Glauben des Grundbuchs als auch vom öffentlichen Glauben des Erbscheins spricht, verleitet dazu, fragwürdige Parallelen zu ziehen, obwohl der eine maßgeblich auf der freien Zugänglichkeit des Registers, der andere allein auf dem hoheitlichen Verfahren beruht. So ist kaum einsichtig,

---

225 Endemann, Lehrbuch des Bürgerlichen Rechts, Dritter Band, 8. und 9. Auflage 1920, § 143 II, S. 1084, Nr. 1; Muscheler, Erbrecht, Band II, 2010, Rn. 3282 (4), 3284, und JURA 2009, 329, 333.

226 Endemann, Lehrbuch des Bürgerlichen Rechts, Dritter Band, 8. und 9. Auflage 1920, § 143 II, S. 1085, Nr. 3; Muscheler, Erbrecht, Band II, 2010, Rn. 3282 (4), und JURA 2009, 329, 333. Die Bedeutung der hoheitlichen Erteilung des Erbscheins wird auch dort betont, wo die Unterschiede zum Grundbuch nicht gesehen oder nicht thematisiert werden. Vgl. Westermann, JuS 1963, 1, 4 (vgl. auch 6, Nr. 2): „Dem Rechtsschein des Grundbuchs ähnelt der des Erbscheins. Grundlage ist nicht eigentlich die Urkunde, sondern der in der Erteilung liegende Hoheitsakt.“ Westermann zustimmend Wiegand, JuS 1975, 283, und JuS 1978, 145, 146. Lieder, AcP 210 (2010), 857, 894; ders., Die rechtsgeschäftliche Sukzession, 2015, S. 469; Thomale/Schüßler, ZfPW 2015, 454, 456 f.; Parodi, AcP 185 (1985), 362, 368, spricht vom „Indiz des durch öffentliche Hand erstellten Erbscheins“. Anders Adlerstein, Rechtsgeschäfte des legitimierten Scheinerben an Nachlassgrundstücken, Dissertation Bonn 1930, S. 10: er sieht im Erbschein das „Publizitätsmittel“ zur Verwirklichung der „Offenkundigkeit“ des „Recht(s) des Erben am Nachlasse“. Vgl. aber S. 62: „Wer sich … auf die Richtigkeit des behördlichen Zeugnisses verläßt, der soll nicht … zu schaden kommen. Diesem Gedanken vornehmlich entsprechen die Rechtssätze über den öffentlichen Glauben des Erbscheins“ und des Grundbuchs.

227 Wenn Fehrenbacher, Registerpublizität und Haftung im Zivilrecht, 2004, S. 238, bezogen auf das Grundbuch, und S. 272, bezogen auf das Güterrechtsregister, schreibt, der öffentliche Glaube bzw. „Wirkungen der Publizität im Rechtsverkehr“ seien „ohne das Einsichtsrecht“, ohne die „formelle Publizität“, „nicht denkbar“, zeigt das, dass der öffentliche Glaube des Erbscheins vom öffentlichen Glauben des Grundbuchs und der materiellen Publizität des Güterrechtsregisters sehr verschieden ist.

dass man sich widersprechenden Erbscheinen nicht trauen darf, obwohl man nur von einem Schein weiß,[228] denn eine abstrakte Möglichkeit zur Kenntnisnahme vom anderen Schein besteht nicht[229] und der wahre Erbe

---

228 Vgl. v. Reibnitz, Der öffentliche Glaube des Erbscheins im Vergleich mit dem öffentlichen Glauben des Grundbuchs, Dissertation Rostock 1902, S. 77 f. (der für widersprüchliche Doppeleintragungen im Grundbuch anders entscheidet, S. 78 ff.); Eßlinger, Der Erbschein nach dem Bürgerlichen Gesetzbuche für das Deutsche Reich, Dissertation Würzburg 1902, München 1902, S. 100 f.; Weiner, Der Erbschein nach dem Deutschen Bürgerlichen Gesetzbuch, Dissertation Leipzig 1904, S. 72; Adlerstein, Rechtsgeschäfte des legitimierten Scheinerben an Nachlassgrundstücken, Dissertation Bonn 1930, S. 25 f.; Lindacher DNotZ 1970, 93, 101 ff.; Lemke, Der Erbschein im System der Gutglaubensvorschriften, Dissertation Göttingen 1981, S. 57; Parodi, AcP 185 (1985), 362, 372 f., mit dem Argument, „der Schutz des guten Glaubens (wäre) lückenhaft, wenn der Dritte immer sicherstellen müßte, daß nicht irgendwo ein widersprechender Erbschein erteilt wurde"; Strohal, Das deutsche Erbrecht, Zweiter Band, 3. Auflage 1904, S. 169, Nr. V; Herminghausen, NJW 1986, 571; Lange/Kuchinke, Erbrecht, 5. Auflage 2001, § 39, Fn. 96 (S. 1012 f.); Weiß, Rpfleger 1984, 389, 390. Anders freilich die heute wohl h. M., vgl. BGHZ 33, 314, 316 f.; Muscheler, Erbrecht, Band II, 2010, Rn. 3338, 3367 m. w. N.; MünchKommBGB/Grziwotz, 7. Auflage 2017, § 2366, Rn. 6 (vgl. aber Rn. 7 zur umstrittenen Rückwirkung des öffentlichen Glaubens bei „Wegfall" eines der Erbscheine); Lieder in JbJZivR-Wiss 2010, Vertrauen und Kontrolle im Privatrecht, 2011, S. 121, 144 f.; Fischer, Die Vermutung und der öffentliche Glaube des Erbscheins §§ 2365-2367 BGB. im Verhältnis zu den allgemeinen Vorschriften zu Gunsten derjenigen, welche Rechte von Nichtberechtigten herleiten ..., Dissertation Heidelberg 1907, S. 21. Kaum einleuchtend Thomale/Schüßler, ZfPW 2015, 454, 460 f., wonach ein Schutz redlichen Erwerbs bei widersprüchlichen Grundbucheintragungen daran scheitern soll, dass als das Grundbuch alle irgendwo existenten Eintragungen gelten sollen, und für mehrere Erbscheine eine vergleichbare „ideelle Einheit des multipel verkörperten Rechtsscheinsträgers" anzunehmen sei. Die Frage sei gestattet, ob mehrere Erbscheine hier quasi als Teil einer multiplen Persönlichkeit gedacht werden sollen.

229 Dadurch unterscheidet sich die Konstellation mehrfacher Erbscheinserteilung von derjenigen, in der nur ein Erbschein erteilt, dann aber für kraftlos erklärt wird. Dort wird das Vertrauen auf den scheinbar noch wirksamen Erbschein enttäuscht, weil der gute Glaube an die Wirksamkeit eines kraftlosen Erbscheins nicht geschützt wird (vgl. nur MünchKommBGB/Grziwotz, 7. Auflage 2017, § 2366, Rn. 5, § 2361, Rn. 34, 43, 45; Adlerstein, Rechtsgeschäfte des legitimierten Scheinerben an Nachlassgrundstücken, Dissertation Bonn 1930, S. 14 f.), die Kraftloserklärung ist aber nach §§ 353 I 2, 435 FamFG öffentlich durch einmalige Veröffentlichung im Bundesanzeiger bekannt gemacht worden, so dass wenigstens eine theoretische Möglichkeit zur Information bestanden hat (vgl. Scheer, Der Erbschein, 1988, S. 79, 83 f.). Dem Gesetzgeber ist übrigens zu empfehlen, die amtliche Überschrift des § 2361 BGB („Einziehung oder Kraftloserklärung des unrichtigen Erbscheins") in „Einziehung des unrichtigen Erb-

ist wohl auch nicht schutzwürdiger, nur weil es ihm gelungen ist, einen Erbschein zu bekommen. Andererseits besteht beim Erbschein auch viel weniger Grund als bei öffentlichen Registern, abstrakten Vertrauensschutz zu gewähren.[230] Wer mit jemandem als Erben Rechtsgeschäfte tätigt, kann sich von der Erbenstellung nur einen Eindruck machen, wenn er sich den Erbschein vorlegen lässt. Der fehlenden Möglichkeit einer Eintragung des Erbrechts zu dessen Schutz in ein öffentliches Register mag sehr wohl die fehlende Schutzwürdigkeit eines lediglich abstrakten Vertrauens in den Erbschein korrespondieren. Gerade aus dem vielfach befürworteten abstrakten, nicht von der Kenntnis des Erbscheins abhängigen Vertrauensschutz[231] auf den Ausschluss des Schutzes konkreten Vertrauens auf die Richtigkeit des einzigen dem redlichen Dritten bekannten Erbscheins, der jedoch mit einem anderen diesem unbekannten Erbschein nicht übereinstimmt, zu schließen,[232] ist deshalb problematisch.[233]

---

scheins" zu ändern, da seit der Streichung des Abs. 2 a. F. die Kraftloserklärung nicht mehr in § 2361 BGB, sondern jetzt in § 353 I FamFG geregelt ist.

230 Dass Muscheler, Erbrecht, Band II, 2010, Rn. 3351, trotz überzeugender Betonung der Unterschiede zwischen Grundbuch und Erbschein (Rn. 3282 ff.) dennoch das „systematische Argument" des abstrakten Vertrauensschutzes durch das Grundbuch bemüht, ist also keineswegs zwingend. Konsequent unter Bemühung des amtlichen Charakters sowohl der Grundbucheintragung als auch des Erbscheins Lange/Kuchinke, Erbrecht, 5. Auflage 2001, § 39 VII 1, S. 1031, mit Ablehnung der Kritik Endemanns am öffentlichen Glauben des Erbscheins (Fn. 221) und Befürwortung abstrakten Vertrauensschutzes durch Grundbuch und Erbschein.

231 Muscheler, Erbrecht, Band II, 2010, Rn. 3350 f., m. w. N. Das Europäische Nachlasszeugnis soll demgegenüber „nur einen konkreten Gutglaubensschutz" begründen, vgl. BeckOGK/Schmidt, Art. 69 EuErbVO, Rn. 30 ff., 45 ff., m. w. N., Stand: 1.8.2019.

232 So z. B. Muscheler, Erbrecht, Band II, 2010, Rn. 3338; Lieder in JbJZivRWiss 2010, Vertrauen und Kontrolle im Privatrecht, 2011, S. 121, 145.

233 Ob der umgekehrte Schluss von der Erforderlichkeit konkreten Vertrauens auf den Schutz des Vertrauens auf eines von mehreren sich widersprechenden Europäischen Nachlasszeugnissen (MünchKommBGB/Dutta, 7. Auflage 2018, Art. 69 EuErbVO, Rn. 31) überzeugender ist, soll hier dahingestellt bleiben.

## 11. Die Formalaktstheorie: Relikte eines überholten Modells

Im öffentlichen Glauben des Erbscheins setzt sich in gewisser Weise eine zu starke Betonung des hoheitlichen Verfahrens fort, die sich bezüglich des öffentlichen Glaubens des Grundbuchs im 19. Jahrhundert aus gutem Grund nicht durchsetzen konnte. Wenn allein die Prüfung des Erbrechts durch das Nachlassgericht genügt, um den Erbschein mit öffentlichem Glauben zu versehen, kann man sich auch ernsthaft darüber Gedanken machen, ob jede Eintragung in ein Register und die Erteilung des Erbscheins die materielle Rechtslage ohne weitere Voraussetzungen entsprechend dem Inhalt der Eintragung oder des Erbscheins umgestalten sollen und der dadurch in seinen Rechten beeinträchtigte bisherige wahre Berechtigte auf schuldrechtliche Ansprüche gegen einen bösgläubigen durch die Umgestaltung Begünstigten zu verweisen ist.[234] Die sogenannte Formalaktstheorie, wie sie insbesondere von Exner entwickelt wurde, hat eine derartige Interpretation des damals geltenden Immobiliarsachenrechts versucht oder seine entsprechende Umgestaltung propagiert,[235] ist aber über-

---

234 Exner, Das Publizitätsprinzip, Studien zum österreichischen Hypothekenrecht, 1870, S. 62, sieht gerade in der dinglichen Wirksamkeit der Rechtsänderung durch Eintragung auch eines Bösgläubigen den entscheidenden Unterschied zur von ihm bekämpften Auffassung, die den Bösgläubigen das Recht überhaupt nicht erst erwerben lässt. Dem Beeinträchtigten stehe eben nur „ein persönlicher Anspruch gegen den dolosen Beklagten“ zu. Exner behauptet in Fn. 10, auch Wächter, Erörterungen aus dem Römischen, Deutschen und Württembergischen Privatrechte, Erstes Heft, 1845, S. 208, und Gönner, Commentar über das Hypothekengesetz für das Königreich Baiern, Erster Band, 1823, S. 282, seien derselben Auffassung wie er; das trifft aber nicht zu, vgl. Wächter, S. 209 ff. (zu den Rechten des Beeinträchtigten gegen Rechtsnachfolger des ersten Begünstigten) und Gönner, S. 282 (zu den Rechten des Beeinträchtigten gegen Rechtsnachfolger des ersten Begünstigten). Vgl. Kiehnle, Der Erwerb kraft öffentlichen Glaubens in der württembergischen Pfandgesetzgebung von 1825/1828 und im Bürgerlichen Gesetzbuch, 2004, S. 72 ff. Zum mecklenburgischen Recht vgl. v. Meibom, Das Mecklenburgische Hypothekenrecht, 1871, S. 86 ff.

235 Vgl. nur Exner, Das Publizitätsprinzip, Studien zum österreichischen Hypothekenrecht, 1870. Dort schon S. 5: „Es wird ... durch das Prinzip der publica fides des Tabularstandes den rechtserzeugenden und rechtsvernichtenden Thatsachen des gemeinen Rechts ihre dinglich wirkende Kraft entzogen, sie wird ausschließlich an den Akt der bücherlichen Eintragung geknüpft. ... [Dieser] Akt

wiegend auf Ablehnung gestoßen und im Grundstücksrecht des BGB mit §§ 873 ff., 891 ff. bewusst nicht umgesetzt worden.[236] Im Zwangsvollstreckungsrecht huldigen die nicht rein privatrechtlichen Theorien der Pfän-

… (ist) allein zureichend … zur Hervorbringung des bezüglichen Effekts … [Das] dingliche Rechtsverhältnis … besteht zu Recht, nicht wenn … seine gemeinrechtlichen Voraussetzungen zutreffen, sondern allein schon dadurch, dass es in Folge eines korrekten Tabularakts im öffentlichen Buche erscheint. Dieser Akt … tritt als ‚Formalakt' auf; denn mit diesem Ausdrucke bezeichnet man bekanntlich … juristische Akte, die von sich aus geeignet sind, das intendirte Rechtsverhältnis zu schaffen, auch wenn es materiell nicht begründet wäre." S. 12: „Der Tabularakt … ist … zum ausschließenden und zureichenden Fundament des Rechts geworden. Das dingliche Recht steht nicht nur im Buch, sondern es besteht ipso jure kraft des Buches." Zum mecklenburgischen Recht vgl. v. Meibom, Das Mecklenburgische Hypothekenrecht, 1871, S. 82 ff., der das „Formalprinzip" allerdings ausdrücklich auf die „Einträge in den Hypothekenbüchern" beschränkt, so dass „Einträge in andern öffentlichen Büchern und Registern, z. B. Handelsregistern", zwar „die Beweiskraft öffentlicher Urkunden haben" sollen, aber eben keine rechtsgestaltende Wirkung (S. 81 f.). Zum im Sinne der Formalaktstheorie aufgefassten „Princip der Oeffentlichkeit" nach sächsischem BGB Siebenhaar/Siegmann, Commentar zu dem bürgerlichen Gesetzbuche für das Königreich Sachsen, Erster Band, 1864, S. 258 ff. Zusammenfassend zur Formalaktstheorie Kiehnle, Der Erwerb kraft öffentlichen Glaubens in der württembergischen Pfandgesetzgebung von 1825/1828 und im Bürgerlichen Gesetzbuch, 2004, S. 68 ff., m. w. N.; Buchholz, Abstraktionsprinzip und Immobiliarrecht, Zur Geschichte der Auflassung und der Grundschuld, 1978, S. 324 ff.; Dümig, Grundbuchverfahrensrechtliches Vorgehen bei einem unzutreffenden Grundbuchstand, 2010, S. 55 ff.

236 Vgl. nur Motive der Ersten Kommission bei Mugdan (Hrsg.), Die gesammten Materialien zum Bürgerlichen Gesetzbuch für das Deutsche Reich, III. Band, 1899, S. 77, wo es scharf formuliert heißt: „Dagegen ist es weder mit der Gerechtigkeit vereinbar noch durch das praktische Bedürfniß geboten, den Schutz des Publizitätsprinzipes auf die eigene Eintragung des Erwerbers zu übertragen …" v. Liebe, Sachenrechtliche Erörterungen zu dem Entwurfe eines bürgerlichen Gesetzbuches für das Deutsche Reich, 1891, S. 58, stimmt dem zu; irreführend daher Nossek in Schmoeckel (Hrsg.), Übertragung von Immobilienrechten im internationalen Vergleich, 2018, S. 113, dessen Bezugnahme auf Liebes Darstellung des Systems „formeller Rechtskraft" zu der Annahme verleiten könnte, dieses liege dem BGB zugrunde. v. Liebe und Nossek sprechen davon, „alles Grundeigenthum von einer Konzession des Staates abzuleiten", „the idea that every right in land was derived from the State". Eine solche Vorstellung ist für die Erklärung der Formalaktstheorie nicht erforderlich; sie ist dem deutschen Recht zudem anders als wohl immer noch dem englischen (vgl. Bevan, Land Law, Oxford 2018, S. 16 f.: „All land today is still held directly from the Crown …"; v. Bernstorff, Einführung in das englische Recht, 5. Auflage 2018, S. 106 f.; Keenan, Smith and Keenan's English Law, 9. Auflage, London 1989, S. 432) fremd.

dung und Versteigerung allerdings bis heute solchen Ideen[237] und das ausgehend von Australien ab 1858 in manchen angloamerikanischen Rechtsordnungen eingeführte Torrens-System ist von der hamburgischen Variante des immobiliarsachenrechtlichen Formalakts beeinflusst[238] und stimmt in den Resultaten jedenfalls nach einer möglichen Auslegung auch heute noch prinzipiell mit den von der Formalaktstheorie propagierten Lösungen überein.[239]

---

237 Vgl. Fn. 102 und Fn. 176.

238 Vgl. Raff, European Property Law Journal 2012, 54, 56 f. m. w. N., 69; ders., Private Property and Environmental Responsibility: A Comparative Study of German Real Property Law, 2003, S. 25 ff.; Esposito, Die Entstehung des australischen Grundstücksregisterrechts (Torrenssystem) – eine Rezeption Hamburger Partikularrechts?!, 2005 (zugleich Dissertation Marburg 2004), S. 135 ff. Zum Hamburger Recht vgl. Buchholz, Abstraktionsprinzip und Immobiliarrecht, Zur Geschichte der Auflassung und der Grundschuld, 1978, S. 164 ff.

239 Vgl. Raff, European Property Law Journal 2012, 54, 77 ff. (zur „doctrine of immediate indefeasibility"), 107 f. (zur Ausnahme von der Unangreifbarkeit der Eintragung bei „fraud"); v. Hoffmann, Das Recht des Grundstückskaufs, Eine rechtsvergleichende Untersuchung, 1982, S. 29 ff., 39 f., 42 f.; Spellenberg in Pfister/Will (Hrsg.), Festschrift Lorenz, 1991, S. 779, 783 ff., 794 ff.; Stadler, Gestaltungsfreiheit und Verkehrsschutz durch Abstraktion, 1996, S. 500 ff.; Esposito, Die Entstehung des australischen Grundstücksregisterrechts (Torrenssystem) – eine Rezeption Hamburger Partikularrechts?!, 2005 (zugleich Dissertation Marburg 2004), S. 193 ff.; BeckOGK BGB/Hertel, § 891, Rn. 80, Stand 1.10.2019; Füller, Eigenständiges Sachenrecht?, 2006, S. 258 ff., mit dem rechtsvergleichenden Fazit (S. 261): „der Vertrauensschutz nach dem reinen Torrens-System (ist) überzogen, da er auch solchen Personen einen Rechtserwerb gestattet, die positiv wissen, dass der Veräußerer nicht berechtigt ist." Lieder, Die rechtsgeschäftliche Sukzession, 2015, S. 373 f.: „Es ist … nicht überzeugend, Rechtsänderungen an Liegenschaften ausschließlich von der Grundbucheintragung abhängig zu machen, wie es das früher gebräuchliche System der formellen Rechtskraft in einzelnen deutschen Partikularstaaten sowie das auch heute noch in Australien … anzutreffende Torrens-System vorsehen." Reid in Schmoeckel (Hrsg.), Übertragung von Immobilienrechten im internationalen Vergleich, 2018, S. 209, 231: „If the end goal was to protect good-faith acquirers, then that goal could be achieved more simply and fairly by a system of deferred indefeasibility …" Anders Carruthers, University of New South Wales Law Journal 38 (2015), 1261, 1297: „Immediate indefeasibility is undoubtedly a harsh doctrine and from time to time the injustice of this approach comes to the attention of the public. But, it is this 'rock-solid effect of registration' that gives rise to the system's greatest strength: its certainty." Was Baur/Stürner, Sachenrecht, 18. Auflage 2009, § 64, Rn. 38, zum englischen Land Register sagen, nämlich, dass es „keine positive Publizität (entfaltet)" und dass „bei falschen Eintragungen stets Berichtigung verlangt werden (kann)", gilt grundsätzlich nicht für das als „Vorbild" für das englische Register genannte „von Sir Robert Torrens für Südaustralien entwi-

Zur Vermeidung allzu großer Konfusion sollte man anders als Exner jedenfalls heute nicht mehr von der publica fides respektive dem öffentlichen Glauben von Hoheitsakten sprechen, wenn man damit ausdrücken möchte, dass sie die bisherige Rechtslage umgestalten, sondern diesen Begriff im Einklang mit einem spätestens beginnend ab etwa 1830 und zunehmend seit der Mitte des 19. Jahrhunderts nachweisbaren, aber bis zur Verabschiedung des BGB alles andere als einheitlichen Gebrauch nur so verwenden, dass derjenige, der redlich einem bestimmten Rechtsschein vertraut, geschützt wird, indem zu seinen Gunsten die Rechtsfolgen eintreten, die auch bei Übereinstimmung des Scheins mit der wahren Rechtslage eingetreten wären,[240] umgekehrt aber auch nicht vom Formalakt der Eintragung in ein Register oder der formalen Rechtskraft des öffentlichen Bu-

---

ckelte Register". Holzer, ZNR 2009, 1, 19, sieht im „Torrens-System" geradezu ein „System der formalen Rechtskraft." Wohl doch zu weitgehend die Formulierung von Heirbaut in Schmoeckel (Hrsg.), Übertragung von Immobilienrechten im internationalen Vergleich, 2018, S. 49, 64 f.: „property is not transferred immediately from one party to another, but by way of a public authority, who actually vests the new owner with his right".

240 Vgl. ohne Definition, aber in der Sache doch anscheinend mit dieser Bedeutung Gans, Beiträge zur Revision der Preußischen Gesetzgebung, 1832, S. 300: „vernichtet wird ... das Fundamentalprincip der preußischen Gesetzgebung über Immobilien, die publica fides des Hypothekenbuches: man habe das Eigenthum vom eingetragenen Besitzer erworben, gegen den Fiscus ... schützt offenbar ... der öffentliche Glaube des Hypothekenbuches nicht." In der Rechtsprechung des preußischen Obertribunals heißt es schon 1837 und 1841, der redliche Erwerb einer Hypothek vom Nichteigentümer und der einredefreie Erwerb einer Hypothek beruhten auf „dem öffentlichen Glauben des Hypothekenbuches" (Entscheidungen des Königlichen Geheimen Ober-Tribunals 2 [1837], Nr. 5, S. 47, 54, und Band 5 [1841], Nr. 36, S. 372, 379). Weiter Prinz, Der Einfluß der Hypothekenbuchsverfassung auf das Sachenrecht, 1858, S. 20 f.; Förster, Theorie und Praxis des heutigen gemeinen preußischen Privatrechts, III. Band, 1868, § 198, S. 427 f.; Förster, Preußisches Grundbuchrecht, 1872, S. 42 ff.; Dernburg, Lehrbuch des Preußischen Privatrechts, Erster Band, 1875, § 202, S. 421 ff. Ablehnend zu einer solchen Verwendung noch Regelsberger, Studien im bayerischen Hypothekenrechte, 1872, S. 91: der öffentliche Glaube öffentlicher Urkunden ist eine prozessuale Erscheinung, von der das „materiell-rechtliche" „Prinzip der Oeffentlichkeit", die materielle Publizität, zu unterscheiden ist; „materielles Oeffentlichkeitsprinzip" und „öffentlichen Glauben (publica fides) des Hypothekenbuches" gleichsetzend dann freilich Regelsberger, Das Bayerische Hypothekenrecht, 1874, S. 136 f. Mit klarer Definition dann Colberg, Ueber die Bedeutung des öffentlichen Glaubens des Hypothekenbuchs nach A.L.R. ..., 1877, S. 3 f.: öffentlicher Glaube ist „die zu Gunsten eines Dritten ... geschaffene Verlässlichkeit des Buches, kraft deren dem Dritten die ... darin enthaltenen, nicht richtigen oder nicht vollständigen Angaben ... als richtig

ches sprechen, sofern man nicht bereit ist, dieser unabhängig von weiteren Voraussetzungen rechtsgestaltende Wirkung zuzubilligen.[241]

---

und vollständig gewährleistet werden.“ Meyer, (Gruchots) Beiträge zur Erläuterung des deutschen Rechts 20 (1876), 426, 429, definiert den öffentlichen Glauben entweder wie hier oben im Text oder im Sinne der Formalaktstheorie: „der öffentliche Glaube“ lasse sich nämlich verwirklichen „durch Vorschriften ..., durch welche entweder jede dingliche Rechtsbegründung einzig und allein an die Eintragung ... geknüpft ... [wird], oder aber der Eintragung die Wirkung beigelegt wird, zu Gunsten Dritter als unbedingt wahr und richtig zu gelten, auch wenn sie mit dem materiellen Rechte nicht übereinstimmt.“ Nur vom Glauben oder vom „unbedingten Glauben des Hypothekenbuchs“ ist die Rede bei Roloff, Neues Archiv für preussisches Recht und Verfahren 15 (1852), 1, 421: „Ueber den Glauben des Hypothekenbuchs ...“; Plathner, Die Grundzüge der Preußischen Hypothekar-Verfassung und deren Umsturz durch die neuere Rechtswissenschaft, 1856, S. 4, 14 f.; Arndts, Kritische Ueberschau der deutschen Gesetzgebung und Rechtswissenschaft 5 (1857), 91, 114: „Princip des unbedingten Glaubens des Hypothekenbuchs ... in dem Sinne, ... daß das Vertrauen auf die Richtigkeit seines Inhalts nicht getäuscht werden solle, daß daher gegenüber demjenigen, welcher in diesem Vertrauen (in gutem Glauben) mit dem Eingetragenen sich in Verhandlungen eingelassen hat, die materielle Unwahrheit des Inhalts nicht geltend gemacht werden könne“.

241 So aber Regelsberger, Studien im bayerischen Hypothekenrechte, 1872: „formale Rechtskraft des öffentlichen Buches“ (S. 76 ff.), obwohl die Eintragung als solche nicht den Erwerb des eingetragenen Rechts durch den Eingetragenen bewirkt, sondern nur einen Erwerb vom Nichtberechtigten durch redliche Rechtsnachfolger des zu Unrecht Eingetragenen ermöglicht (S. 83 ff., 159 ff., insbesondere auch 163: die Eintragungen haben keine „Formalnatur“); ähnlich (und nicht sehr klar) Pflug, Das Prinzip der Publicität in Deutschland, Dissertation Erlangen 1895, S. 20 ff., 25 ff., 32; zwischen „Formalakt“ und „öffentlichem Glauben“ auch sprachlich klar differenzierend dann aber Regelsberger, Das Bayerische Hypothekenrecht, 1874, S. 140 f. Verhandlungen des 3. Deutschen Juristentages, Erster Band, 1862, S. 77 (Gutachten v. Kerstorf): „Hypothek gleich dem Wechsel ein Formalakt“, was nur bedeuten soll, dass die Hypothek ohne Eintragung nicht entstehen und nicht „erlöschen“ kann. Vogt, Der öffentliche Glaube des Handelsregisters, 2003 (zugleich Dissertation Zürich 2001), § 1, Rn. 62 ff., unterscheidet für das schweizerische Recht zwischen „formeller oder [gleichbedeutend] absoluter Rechtskraftwirkung“, die den Eintragungen wie nach der Formalaktstheorie ohne „ausserregisterrechtliche Voraussetzungen“ Wirkung zukommen lässt, und der „materiellen Rechtskraftwirkung“, mit der er auch die Wirkungen des öffentlichen Glaubens erfassen und beschreiben möchte; vgl. auch § 9, Rn. 14 ff.

## 12. Eintragungsgrundsatz und öffentlicher Glaube

Der Eintragungsgrundsatz, d. h. die Eintragungsabhängigkeit der Rechte in ihrer Entstehung, nicht nur im Verhältnis zu Dritten, sondern auch inter partes, ist unabhängig von der materiellen Publizität im Sinne des Schutzes des Vertrauens auf den Buchinhalt; Eintragungsgrundsatz und Publizität können einander ergänzen, müssen es aber nicht.[242] Mayer hat

242 Vgl. Regelsberger, Studien im bayerischen Hypothekenrechte, 1872, S. 100 f. Eine solche Unterscheidung zwischen Eintragungsgrundsatz und öffentlichem Glauben als Vertrauensschutz wurde allerdings (auch schon) im 19. Jahrhundert lange durch einen unklaren Begriff der Publizität oder Öffentlichkeit beeinträchtigt, vgl. nur Ortloff, Artikel „Hypothek", Ersch/Gruber (Hrsg.), Allgemeine Encyklopädie der Wissenschaften und Künste, Zweite Section, 13. Theil, 1836, S. 26, 29, linke Spalte oben: „die Eintragung [ist] ... dergestalt ... nothwendig ..., daß keine Hypothek anders als durch Einschreibung in ein öffentliches Buch entstehen kann. Man nennt dies das Princip der Publicität, weil jeder Interessent aus dem öffentlichen Buche die Belastung der einzelnen Immobilien durch Pfandrechte kennen lernen kann. Es kann daher jeder Gläubiger ermessen, welche Sicherheit ihm durch Verpfändung von Immobilien gewährt wird ..." Während hier anscheinend nur Eintragungsgrundsatz und Einsichtsrecht der „Publizität" zu unterfallen scheinen (vgl. auch Wächter, Geschichte, Quellen und Literatur des Württembergischen Privatrechts, Zweite Abtheilung, 1842, S. 976: „das Princip der Oeffentlichkeit: An unbeweglichen Sachen kann ein Pfandrecht nur entstehen durch Eintrag in ein, jedem Betheiligten zur Einsicht offen stehendes, Buch"; der Erwerb vom Nichtberechtigten wird davon getrennt S. 977 f. behandelt), heißt es wenig später (rechte Spalte unten): „Die Protestation ... soll Rechte, welche ansonst [sic!] durch eine Eintragung einer Hypothek gefährdet werden können, sichern, so kann z. B. von Seiten des noch nicht gehörig legitimirten neuen Eigenthümers einer unbeweglichen Sache eine Protestation gegen Verpfändungen, welche der bisherige, noch zur Zeit allein als solcher legitimirte, Eigenthümer vornimmt, eingelegt werden und zur Inscription in das öffentliche Buch kommen." Ein solcher Widerspruch schützt den Berechtigten vor den Folgen öffentlichen Glaubens im materiellen Sinne, so dass Publizität hier offenbar wenigstens implizit auch im Sinne materieller Publizität verwendet wird. Terminologisch präzise hingegen Colberg, Ueber die Bedeutung des öffentlichen Glaubens des Hypothekenbuchs nach A.L.R. ..., 1877, S. 2 ff., der unter „Publicitätsprincip" „in einem engeren Sinne" versteht, „dass Rechte an unbeweglichen Sachen, um dinglich zu wirken, im Hypothekenbuche eingetragen sein müssen", während der öffentliche Glaube redliche Dritte schützt, indem zu ihren Gunsten „die ... nicht richtigen oder nicht vollständigen Angaben ... als richtig und vollständig gewährleistet

in seinem Kommentar zum württembergischen Pfandgesetz von 1825 anders als Gönner[243] treffend erkannt, dass die Einführung des Eintragungsgrundsatzes für bestimmte Rechte (Unterpfandsrechte, d. h. Hypotheken) nicht notwendig mit der Anerkennung öffentlichen Glaubens bezüglich anderer Rechte (des weiterhin ohne Eintragung zu erwerbenden Eigentums) verknüpft ist.[244] Er hat aber übersehen, dass auch die Einführung des Eintragungsgrundsatzes für alle Rechte an Grundstücken den öffentlichen Glauben nicht überflüssig macht,[245] weil einmal durch Eintragung erworbene Rechte durch materiell unzutreffende Löschung ihre öffentliche Sichtbarkeit wieder verlieren können und ein Vertrauen auf trotz Eintragung nicht entstandene Rechte schutzwürdig sein kann.[246] Das BGB sieht zwar den Eintragungsgrundsatz generell vor (§ 873), kennt aber dennoch zahlreiche Fälle nicht eintragungsbedürftiger, sich außerhalb des Grundbuchs vollziehender (insbesondere gesetzlicher) Rechtsänderungen (man denke nur an Erbfälle oder die verschiedenen Konstellationen des Übergangs einer Hypothek wegen Leistung auf die gesicherte Forderung). Gerade für den Schutz gegen deren Folgen sowie für den Schutz des Vertrauens auf trotz Eintragung nicht entstandene Rechte ist der öffentliche Glaube des Grundbuchs nach § 892 von praktischer Bedeutung. Für andere Register wie das Güterrechtsregister sind sogar nur deklaratorische und nie konstitutive Eintragungen vorgesehen, was die Unabhängigkeit von Eintragungsgrundsatz und öffentlichem Glauben in Gestalt negativer Pu-

---

werden." Kritisch zur fehlenden Unterscheidung zwischen „Publicitätsprincip" und „Princip der publica fides" S. 5, Fn. 1.

243 Commentar über das Hypothekengesetz für das Königreich Baiern, Erster Band, 1823, S. 82 ff.: „Die Publicität des Hypothekenbuches ist ... ein ... das ganze Hypothekenwesen durchdringendes Princip, von welchem die Nothwendigkeit der Eintragung der Hypotheken nur *eine* Folge ist." (Hervorhebung im Original; weitere Hervorhebungen des Originals von mir nicht übernommen.)

244 M. S. Mayer, Commentar des Neuen Würtembergischen Pfand-Gesetzes, Erster Theil, 1825, S. 17 ff. Vgl. Kiehnle, Der Erwerb kraft öffentlichen Glaubens in der württembergischen Pfandgesetzgebung von 1825/1828 und im Bürgerlichen Gesetzbuch, 2004, S. 55 f.

245 So aber M. S. Mayer, Commentar des Neuen Würtembergischen Pfand-Gesetzes, Erster Theil, 1825, S. 18; vgl. auch Colberg, Ueber die Bedeutung des öffentlichen Glaubens des Hypothekenbuchs nach A.L.R. ..., 1877, S. 5: „Der öffentliche Glaube wird ... bloss dann wirksam, wenn das Publicitätsprincip nicht gewahrt ist; je mehr dieses konsequent durchgeführt ist, desto weniger wird jener eingreifen können."

246 Vgl. Colberg, Ueber die Bedeutung des öffentlichen Glaubens des Hypothekenbuchs nach A.L.R. ..., 1877, S. 5 f., der die Konstellation unrichtiger Eintragungen (im Gegensatz zu derjenigen unrichtiger Löschungen) sieht.

blizität unterstreicht und darüber hinaus belegt, dass die Publizität auch nicht eine echte Eintragungspflicht voraussetzt (wie das etwa bei § 15 HGB indes der Fall ist).[247]

247 Vgl. Fehrenbacher, Registerpublizität und Haftung im Zivilrecht, 2004, S. 283 f.

# 13. Fazit und Ausblick

Öffentlicher Glaube in seinen diversen Facetten erfordert zwingend die Dokumentation durch dazu legitimierte (nicht zwangsläufig hoheitlich agierende) Personen, während er mit der Öffentlichkeit im Sinne allgemeiner Zugänglichkeit nur häufig zusammentrifft. Die dargestellte, schon chaotisch zu nennende Vielfalt, bedarf der Systematisierung, vielleicht durch den Gesetzgeber, jedenfalls aber vordringlich durch die Rechtswissenschaft. So sind drei Spielarten öffentlichen Glaubens zu unterscheiden: Erstens der beweisrechtliche öffentliche Glaube bestimmter Urkunden, der allein auf der besonderen, oft durch spezielle Verfahren gestützten Glaubwürdigkeit der Aussteller beruht (oben 6.), zweitens der materiellrechtliche öffentliche Glaube vieler Register, der nach hier vertretener Auffassung maßgeblich auf der allgemeinen Zugänglichkeit der Register und der Möglichkeit möglicher Betroffener, ihre Rechte durch Widerspruch gegen nachteilige Konsequenzen des öffentlichen Glaubens zu schützen, beruht (oben 9.), und drittens sonstige Ausprägungen materiellrechtlichen öffentlichen Glaubens, insbesondere der Erbschein, dessen Legitimation allein durch hoheitliches Verfahren auf brüchigem Boden steht (10.) und letztlich als ein erheblich modifiziertes Relikt der im Immobiliarsachenrecht überwundenen Formalaktstheorie erscheint (11.). Daneben ist von öffentlichem Glauben bisweilen auch dort die Rede, wo der Begriff tunlichst zu vermeiden ist, weil kein Aspekt der Öffentlichkeit, weder ein staatlich-hoheitlich-öffentliches Procedere noch eine offen einsehbare Grundlage möglichen Vertrauens, eine Rolle spielt, wie das beim redlichen Erwerb von Wertpapieren und beweglichen Sachen der Fall ist (oben 7.).

Gerade der öffentliche Glaube des Grundbuchs und anderer Register ist eine Errungenschaft des deutschen Rechts, die man nicht verstecken muss[248] und mit der man, wenn man denn möchte, auch für die deutsche

248 Vgl. Nossek in Schmoeckel (Hrsg.), Übertragung von Immobilienrechten im internationalen Vergleich, 2018, S. 113, 132: „Without judging other real property orders, one can candidly state the German Grundbuch is a finely working system and has been successful for the past century.“ Gordillo Cañas, Anuario de Derecho Civil (ADC) 1994, 21, 54 f.

Rechtsordnung werben kann.[249] Das anzuerkennen ist jedoch kein Anlass dazu, nicht nach größerer begrifflicher und gedanklicher Klarheit zu streben. Andere Rechtsordnungen wie etwa die Spaniens verwenden dem öffentlichen Glauben entsprechende Ausdrücke auch heute zwar ebenfalls sowohl für die Beweiskraft bestimmter öffentlicher, insbesondere notariel-

249 Vgl. die offizielle oder offiziöse Werbebroschüre „Law – Made in Germany", hrsg. von Bundesnotarkammer, Bundesrechtsanwaltskammer, Deutschem Anwaltverein, Deutschem Industrie- und Handelskammertag, Deutschem Notarverein und Deutschem Richterbund, 3. Auflage 2014 (mit einem einleitenden Beitrag des Bundesjustizministers Maas, S. 3), http://www.lawmadeingermany.de/Law-Made_in_Germany_EN.pdf (zuletzt abgerufen am 9.1.2020), S. 12 ff., v. a. S. 12/13: „Im Unterschied zu anderen Ländern gilt in Deutschland der Inhalt des Grundbuchs als richtig./In contrast to other countries the content of the German land register (Grundbuch) is indefeasible." Als rechtsvergleichenden Befund kann man das allerdings kaum unkommentiert so stehen lassen, denn auch andere Länder kennen eine Richtigkeitsgarantie für Grundbücher, wie etwa das spanische Hypothekenrecht (vgl. oben Fn. 117 a. E.), allerdings bisweilen auch in der Ausprägung der „Formalaktstheorie", namentlich im sogenannten Torrens-System (vgl. oben 11.). Die Behauptung, dass „kriminelle Manipulationen wie gefälschte Eintragungen, … Hypothekenbetrug und Hausdiebstahl … in Deutschland undenkbar (sind)" (S. 14; ähnlich Lieder, Die rechtsgeschäftliche Sukzession, 2015, S. 467; Franzmann, MittBayNot 2009, 346, 350 f.; MünchKommBGB/Eickmann, 6. Auflage 2013, § 1155, Rn. 12, bezüglich Grundbuchfälschungen; vorsichtiger BeckOGK BGB/Enders, § 873, Rn. 180, Stand 1.7.2019: dass „die Eintragung … durch eine Privatperson vorgenommen wird, … [scheint] rein praktisch völlig ausgeschlossen zu sein …, es sei denn im Rahmen der Digitalisierung dringen Hacker in die einschlägigen Programme und Datenbanken der Justiz ein."), wird durch den Hinweis auf einige Urteile des Reichsgerichts, in denen es um solche Machenschaften geht, widerlegt: RGZ 85, 58 („Kann dem gutgläubigen Erwerber einer Briefhypothek entgegengehalten werden, daß die seinen Vormann legitimierenden notariellen Ausfertigungen angeblicher Abtretungserklärungen widerrechtlich angefertigt seien, und daß ihnen entsprechende notarielle Akte nicht zugrunde lägen?"); RGZ 86, 262 („1. Wird der gutgläubige Hypothekenerwerb nach § 1155 BGB. dadurch ausgeschlossen, daß der Vormann sich nicht auf eine ‚Reihe' öffentlich beglaubigter Abtretungserklärungen, sondern nur auf eine einzige Erklärung stützt, diese äußerlich einwandfreie Erklärung aber vom Notar gefälscht ist?"); RG Gruchot 60, 321 („Steht dem gutgläubigen Erwerb der Briefhypothek entgegen, daß die für die Abtretungserklärung eines Vormanns erforderliche Vollmacht … gefälscht war?"); RGZ 93, 41 („Muß der gutgläubige Hypothekenerwerber, dessen Vormann durch den Besitz des Hypothekenbriefes und durch äußerlich unverdächtige öffentliche Urkunden ausgewiesen ist, die Rechtmäßigkeit des Besitzes seines Vormanns und die Echtheit der Urkunden nachprüfen?").

ler Urkunden[250] als auch für die materiellrechtliche Wirkungen, namentlich den Erwerb vom Nichtberechtigten, ermöglichende besondere Glaubwürdigkeit öffentlicher Register[251], aber diese terminologische Verwirrung muss deshalb noch lange nicht auch in Zukunft beibehalten werden.

Noch wichtiger als Begriffsgenauigkeit ist aber eine Erklärung des jeweiligen Sachgrundes für die erhöhte Beweiskraft öffentlicher Urkunden oder den materiellrechtlichen Schutz des Vertrauens auf den Rechtsschein öffentlicher Register. Die beweisrechtliche Funktion solcher Urkunden, die von besonders zuverlässigen Urkundspersonen stammen, ist durch die jeweiligen Beurkundungsverfahren und damit durch die staatliche Kontrolle gerechtfertigt.[252] Im materiellen Privatrecht bleibt der Gedanke, staatliches Tun könne den Verlust von Rechten ohne Zutun der Personen, die sie innehaben, begründen, dagegen ein Fremdkörper. Eine kollektivistische Legitimation hoheitlichen Handelns[253] verschleiert die zu regelnden konfligierenden Individualinteressen nur. Ein an den liberalen Prinzipien der Privatautonomie und der privaten Verantwortlichkeit orientiertes Privatrecht muss auf den öffentlichen Glauben indes nicht verzichten, sondern kann ihn mit der unterlassenen Wahrung des eigenen Rechts durch den Betroffenen erklären, der die Abweichung einer in seinen Angelegenheiten erfolgten frei zugänglichen Registereintragung oder Bekanntmachung von der wahren Rechtslage erkennen und deshalb der unzutreffenden Verlautbarung widersprechen und so den öffentlichen Glauben ausschließen hätte können.[254] Wo eine effektive Widerspruchsmöglichkeit fehlt, muss dann

250 Art. 143 III und IV Reglamento Notarial (Notariatsordnung): die notariellen Urkunden genießen „fe pública"; das bedeutet, dass sie gemäß Art. 319 I Ley de Enjuiciamiento Civil (Zivilprozessordnung) wie andere öffentliche Urkunden („documentos públicos") vollen Beweis („prueba plena") erbringen.

251 Art. 29 Ley Hipotecaria: „La fe pública del Registro ..." Nach Art. 34 ist aufgrund des öffentlichen Glaubens des Registers redlicher Erwerb vom Nichtberechtigten möglich (vgl. oben Fn. 117 a. E.). Zusammenfassend zum „Principio de fe pública registral" Gordillo Cañas, Anuario de Derecho Civil (ADC) 2006, 509, und ADC 2008, 1057.

252 Vgl. oben 4. und 6.

253 Vgl. oben 11. zur Formalaktstheorie; Fn. 74 (Endemann: „Unfehlbarkeit des Staates"), 102 (Backhaus: „Überbewertung der Staatsmacht"), zu gängigen Erklärungen der positiven Publizität öffentlicher Register, 176 (Fiskus und Apotheose der Staatsgewalt). In Spanien widerspricht Gordillo Cañas, Anuario de Derecho Civil (ADC) 2006, 509, 532 f., 594, 601 f., Versuchen, die „fe pública" unter Rückgriff auf die „verdad oficial" (amtliche Wahrheit) der Eintragung zu interpretieren.

254 Vgl. oben insbesondere 9. und 8.

allerdings konsequent entweder eine solche geschaffen[255] oder auf den öffentlichen Glauben verzichtet werden.[256] Die Bedeutung des hoheitlich Öffentlichen tritt im Privatrecht weit hinter diejenige des allgemein zugänglich Veröffentlichten zurück.

Wer (wie in Geschichtswissenschaft und Rechtsgeschichte zeitweise modisch) nach „Meistererzählungen"[257] sucht, sollte also überlegen, ob sich hinter der verbreiteten Erklärung der positiven Publizität öffentlicher Bücher mit staatlicher Autorität, die man vielleicht sogar als „herrschende Meinung"[258] bezeichnen könnte, vielleicht ein allzu etatistisches Verständnis des Privatrechts verbirgt, das entschiedene Kritik verdient. Auch dort,

---

255 Vgl. oben Fn. 180, 221.

256 Vgl. oben insbesondere 9. e) und 10.

257 Zur Herkunft und Konturenlosigkeit des Begriffs, die dieser m. E. freilich mit „Diskursen", „großen Erzählungen", „Metaerzählungen", „Narrativen", „Narrationen" und einigen weiteren Ausdrücken teilt, Jarausch/Sabrow, Die historische Meistererzählung, 2002, S. 9 ff., die trotz ihrer Kritik (etwa S. 16: „der oft schon zur Floskel geronnene Rekurs auf historische master narratives") eine „Operationalisierung" versuchen (S. 17 ff.) und dem „Meistererzählungs-Konzept" eine „Chance auf eine erfolgversprechende Karriere in Aussicht ... stellen" (S. 31). Der Trend (auch als „Narratologie" bezeichnet) ist mittlerweile auch in der Rechtswissenschaft so angekommen, dass die Juristenzeitung einen Beitrag von Lomfeld mit dem Titel „Narrative Jurisprudenz" publiziert hat (JZ 2019, 369), der die „Konklusion: Narration als Instrument der Kritik" zieht (373). Dobelli, Die Kunst des klaren Denkens, 22. Auflage 2018, S. 53 ff., ordnet „The Story Bias" als Gefahr für richtiges Denken ein, vgl. S. 55: „Von der eigenen Biografie bis hin zum Weltgeschehen – alles drechseln wir zu ‚sinnhaften' Geschichten. Damit verzerren wir die Wirklichkeit – und das beeinträchtigt die Qualität unserer Entscheidungen." Vgl. kritisch auch Spitzer, Die Smartphone-Epidemie, 2018, S. 226 f.: „die Allgemeingültigkeit wurde und wird immer von vielen Intellektuellen als Illusion ‚enttarnt', denn ‚in Wahrheit' gäbe es nur unterschiedliche ‚Narrative', an die mehr oder weniger Menschen jeweils mehr oder weniger glauben ..." Zu Gefahren „einer Metaerzählung der Privatrechtsgeschichte" exemplarisch Haferkamp, JZ 2019, 901, 907 ff.

258 Die „h. M." (zur Geschichte des Begriffs vgl. Althaus, Die Konstruktion der herrschenden Meinung in der juristischen Kommunikation, Dissertation München 1994, S. 35 ff.; Wunderlich, Artikel „Herrschende Lehre", Handwörterbuch zur deutschen Rechtsgeschichte, 2. Auflage, Band II, 2012, Spalte 987) steht an Konturenlosigkeit der „Meistererzählung" nicht nach; vgl. Adomeit, JZ 1980, 343, 344: „beklemmend ungenau"; Althaus, Die Konstruktion der herrschenden Meinung in der juristischen Kommunikation, Dissertation München 1994, S. 52 f. Nur dadurch, dass viele etwas Falsches behaupten, wird es nicht richtiger und auch nicht Recht (für Letzteres aber Wesel, Aufklärungen über Recht, 1981, S. 32: „Ist jede hM Recht? Das wohl sicherlich."; dagegen Zimmermann, Die Relevanz einer herrschenden Meinung für Anwendung, Fortbildung

wo „dem überindividuellen Interesse der Sicherheit und Leichtigkeit des Rechtsverkehrs"[259] größere Bedeutung zugemessen wird als den Interessen des wahren Berechtigten und des redlich vom Nichtberechtigten Erwer-

---

und wissenschaftliche Erforschung des Rechts, 1983, S. 138 ff.; Jan Schröder in Baur [Hrsg.], Das Eigentum, 1989, S. 143, 146 f.; differenzierend zwischen Recht im soziologischen und im juristischen Sinn Tuschak, Die herrschende Meinung als Indikator europäischer Rechtskultur, 2009, S. 26 f.). Eine Quantifizierung zwecks Ermittlung der h. M., wie sie etwa Adomeit, JZ 1980, 343, 344 ff. vorschlägt, führt also nicht weiter (vgl. dazu, dass es auch „darauf an[kommt], wer sich äußert", Wesel, Aufklärungen über Recht, 1981, S. 17, 25, 33; Zimmermann, Die Relevanz einer herrschenden Meinung für Anwendung, Fortbildung und wissenschaftliche Erforschung des Rechts, 1983, S. 59 ff.; Drosdeck, Die herrschende Meinung, – Autorität als Rechtsquelle – , 1989, S. 30, 64 ff., 72 f., 107 ff.; Althaus, Die Konstruktion der herrschenden Meinung in der juristischen Kommunikation, Dissertation München 1994, S. 40 ff.; Schnur in Doehring [Hrsg.], Festgabe für Forsthoff, 1967, S. 43, 47 ff., hält eine „quantifizierende Feststellung" der h. M. immerhin in einer „Rechtsgemeinschaft" für möglich, die sich mit einer nicht „anspruchsvollen juristischen Rhetorik" begnügt), es sei denn, man vermeidet konsequent jede affirmative Suggestivkraft des Etiketts (was schwer möglich sein dürfte) und erst recht eine irgendwie geartete „Bindung" an die h. M. (für eine solche jedoch Pawlowski, Methodenlehre für Juristen, 3. Auflage 1999, Rn. 394; Reinelt, ZAP 2000, 1133 ff.; dagegen die ihrerseits „h. M." wie z. B. grundsätzlich Zimmermann, Die Relevanz einer herrschenden Meinung für Anwendung, Fortbildung und wissenschaftliche Erforschung des Rechts, 1983, S. 86 ff.; zwischen der größeren Bedeutung für die Gerichtspraxis und der möglichst kleinen für die Wissenschaft differenzierend Jan Schröder in Finkenauer/Peterson/Stolleis [Hrsg.], Rechtswissenschaft in der Neuzeit, 2010, S. 191 (ursprünglich in Köbler [Hrsg.], Wege europäischer Rechtsgeschichte, Festschrift Kroeschell, 1987, S. 404), 204 f.; ders. in Baur [Hrsg.], Das Eigentum, 1989, S. 143 ff., 163 f.; zur „Beseitigung des Autoritätsarguments und der Lehre von der ‚communis opinio' " im 17. und 18. Jahrhundert vgl. Jan Schröder, Recht als Wissenschaft, 2. Auflage 2012, S. 128 ff.; ders. in Baur [Hrsg.], Das Eigentum, 1989, S. 143, 155 ff.).

259 Statt vieler MünchKommBGB/Lieder, 7. Auflage 2017, § 1138, Rn. 3; eine „überindividuelle Rechtfertigung" insbesondere mittels des „Verkehrsinteresses" prüft auch Peters, Der Entzug des Eigentums an beweglichen Sachen durch gutgläubigen Erwerb, 1991, S. 69 ff., insbesondere 72 ff., auch 109, der dieses Interesse in einzelnen Situationen für entscheidend hält, etwa S. 84 f., 123 f.; ähnlich Leuschner, AcP 205 (2005), 205, 226 ff., Zusammenfassung 244 f.; Wadle, JZ 1974, 689, 695 f.; MünchKommBGB/Oechsler, 7. Auflage 2017, § 932, Rn. 3. Stagl, AcP 211 (2011), 530, 550 f., 580, erklärt das öffentliche Interesse an Rechtssicherheit für maßgeblich; vgl. auch BeckOGK BGB/Klinck, § 932, Rn. 6, Stand 1.7.2019.

260 Sehr zugespitzt bei Lieder, Die rechtsgeschäftliche Sukzession, 2015, S. 453: Das „Verkehrsinteresse beschränkt sich … nicht in erster Linie auf das individuelle Interesse des konkreten Erwerbers, sondern fokussiert auf das überindividuelle

benden,[260] lässt sich die Geschichte vom Privatrecht nicht mehr[261] überzeugend[262] als eine solche individueller Autonomie erzählen.[263] Überindi-

---

Allgemeininteresse an der Sicherheit und Leichtigkeit des Rechtsverkehrs. Der ... Erweber fungiert ... lediglich als Repräsentant des ... Rechtsverkehrs, ohne selbst primäres Schutzsubjekt der Gutglaubensvorschrift zu sein. ... Es stehen sich hier demnach keine Individualinteressen gegenüber. ... Stattdessen stehen sich das Individualinteresse des wahren Berechtigten am Erhalt seiner Rechtsposition und das überindividuelle (Allgemein-)Interesse an der Sicherung des Rechtsverkehrs (Verkehrsinteresse) gegenüber." Vgl. auch MünchKommBGB/Lieder, 7. Auflage 2017, § 1155, Rn. 17; Lieder in JbJZivRWiss 2010, Vertrauen und Kontrolle im Privatrecht, 2011, S. 121, 127, 129 ff., 133 f., 139. Der „Repräsentant der Allgemeinheit" findet sich auch bei Staudinger/Wiegand, 2017, Vor §§ 932-936 BGB, Rn. 43; BeckOK BGB/Kindl, § 932, Rn. 1, Stand: 1.8.2019; Volmer, Der Besitz als zeitgemäßer Rechtsscheinträger beim gutgläubigen Erwerb, 2018 (zugleich Dissertation Bochum), S. 21 (m. w. N. in Fn. 77). Vielleicht etwas polemisch könnte man zusammenfassen: Der redliche Erwerber ist nichts, der Rechtsverkehr alles. Dass die Gesamtheit aller Erwerbs- und Veräußerungsinteressen mehr oder etwas anderes ist als ihre Summe, müsste freilich begründet werden, zumal wenn man sich an Lieder, Die rechtsgeschäftliche Sukzession, 2015, S. 450 erinnert: „Die Betonung des Verkehrsschutzprinzips darf ... nicht den Blick darauf verstellen, dass die durch die Gutglaubensvorschriften getroffene Legislativentscheidung in erster Linie den handfesten Konflikt zwischen dem Bestandsinteresse des wahren Rechtsinhabers auf der einen Seite und den Verkehrsinteressen sowie dem Erwerbsinteresse des Gutgläubigen auf der anderen Seite aufzulösen bestimmt ist." Lieder in JbJZivRWiss 2010, Vertrauen und Kontrolle im Privatrecht, 2011, S. 121, 128, erkennt auch, dass „das Gesetz sich besser" für die von der Redlichkeit des Vertrauenden unabhängige Formalaktstheorie (vgl. oben im Text 11.) entschieden hätte, wenn es „ausschließlich auf den absoluten Schutz des Rechtsverkehrs ab(zielte)", zieht daraus aber wenig Konsequenzen. Dass ein „öffentliches Interesse" an „Sicherheit und Leichtigkeit des Verkehrs" „allein die Regelung nicht legitimieren (kann)", wird auch heute noch erkannt, so von Hager, Verkehrsschutz durch redlichen Erwerb, 1990, S. 81, vgl. auch S. 61; Wolf, JZ 1997, 1087, 1090.

261 Vgl. zusammenfassend dazu, ob der „Mythos von der grundsätzlich unbeschränkten Freiheit" im 19. Jahrhundert überhaupt nachweisbar ist, Hofer, Freiheit ohne Grenzen?, 2001, „Ergebnis" S. 275 ff.

262 Vgl. aber etwa Lieder in JbJZivRWiss 2010, Vertrauen und Kontrolle im Privatrecht, 2011, S. 121, 127, 134 f., wo das kollektivistisch gedeutete „Verkehrsschutzprinzip" auf den „Grundsatz der Privatautonomie" zurückgeführt werden soll; dass individuelle Interessen keine Rolle für die Privatautonomie spielen, lässt sich jedoch wohl kaum behaupten.

263 Vgl. in anderem Zusammenhang zu solchen Tendenzen Picker in Meller-Hannich u. a. (Hrsg.), Festschrift Schilken, 2015, S. 85, 87: „rechtspolitisch bedenklich(e) ... Funktionsveränderung des Privatrechts von einer Individualschutzordnung zu einem diffusen Kollektivschutzprogramm".

viduell (oder gelegentlich auch „institutionell"[264]) klingt vielleicht milder als kollektiv in welcher (je nach historischer Konjunktur gerade virulenten, mehr oder weniger ideologischen) Ausprägung auch immer (sei das Kollektiv oder das Überindividuelle nun das Gemeinwohl, der Staat, das größte Glück der größten Anzahl, das Volk, die Partei, die Arbeiterklasse oder das Proletariat, die Rechtssicherheit, der Verkehr, der Markt oder das Bruttoinlandsprodukt), sagt aber schwerlich[265] etwas anderes. Sogar die bisweilen inflationäre Prüfung zivilrechtlicher Normen an verfassungs-

---

264 Vgl. Eichler, Die Rechtslehre vom Vertrauen, 1950, S. 98: „Im Vordergrund steht das in der Einrichtung des Grundbuchs wurzelnde objektive Vertrauenselement, das wir als institutionelles Vertrauen bezeichnen können, während das subjektive Vertrauenselement nur die Bedeutung eines Ausschließungsgrundes im Falle der Bögsläubigkeit … hat." Institutionelles Rechtsdenken kann sicherlich nicht generell als antiindividualistisch bewertet werden, bei den so genannten Einrichtungsgarantien (Institutsgarantien und institutionellen Garantien) des GG sind aber derartige Tendenzen bisweilen erkennbar, vgl. etwa BVerfG NVwZ 1988, 47, 49: „… Art. 28 II 1 GG … gewährleistet den Wirkungsbereich der Gemeinden … nur institutionell, nicht ohne weiteres auch individuell …" Wenn es reicht, dass das Rechtsinstitut/die Institution weiter existiert, und nicht darauf ankommt, ob die individuell Betroffenen geschützt werden, ist das doch kollektivistisch gedacht. Die ursprüngliche Idee der Einrichtungsgarantien war dagegen unter der Geltung der Weimarer Reichsverfassung darauf gerichtet, dem Gesetzgeber Eingriffe in grundrechtlich (wobei begrifflich zwischen institutionellen Garantien, Institutsgarantien und Grundrechten oft scharf unterschieden wurde) geschützte Positionen nur in gewissen Grenzen zu erlauben, vgl. Gusy, ZNR 15 (1993), 163, 165 f.; Mager, Einrichtungsgarantien, 2003, S. 12 ff., 473 ff. Vgl. aber Mager, S. 443 f.: „Die Entwicklung unter der Weimarer Reichsverfassung zeigt … eine zunehmende Vereinseitigung der Sichtweise zugunsten der Ein- und Unterordnung subjektiver Berechtigungen in den objektivrechtlich gewährleisteten Gesamtzweck der Einrichtung." Für diese Tendenz typisch Dennewitz, Die institutionelle Garantie, Dissertation Jena 1932, S. 35 (unter Berufung auf Carl Schmitt): „Der Vorrang der institutionellen Garantie vor dem subjektiven Recht bedeutet den Vorrang des Nationalen vor dem Liberalen im Staate." Ob und wie die Lehre von den Einrichtungsgarantien in einen größeren Zusammenhang institutionellen Rechtsdenkens (vgl. Jan Schröder, Recht als Wissenschaft, 2. Auflage 2012, S. 263 ff. zu Stahl und Savigny; Schlosser, Neuere Europäische Rechtsgeschichte, 3. Auflage 2017, 16. Kapitel, Rn. 28 ff. u. a. zu Hauriou und Carl Schmitt; Rüthers, Die unbegrenzte Auslegung, 6. Auflage 2005, S. 277 ff.; Mager, Einrichtungsgarantien, 2003, S. 95 ff., 476 ff.) eingeordnet werden kann, ist hier nicht zu erörtern; vgl. Mager, Einrichtungsgarantien, 2003, S. 1 f., 95 ff., 168 ff., 476 ff.

265 Vgl. zu möglichen Differenzierungen, die für die heutige Rechtsdogmatik soweit ersichtlich aber nicht nutzbar gemacht werden (können), Jan Schröder, Kollektivistische Theorien und Privatrecht in der Weimarer Republik am Beispiel der Vertragsfreiheit, in Finkenauer/Peterson/Stolleis (Hrsg.), Rechtswissen-

rechtlichen Maßstäben[266] ist ein Indiz dafür, dass das Privatrecht seine prinzipielle Eigenständigkeit im Verhältnis zum öffentlichen Recht zu verlieren droht.[267] Das Ende der (auch) dem Begriff nach jedenfalls seit dem späten 18. Jahrhundert bekannten Privatautonomie[268] wird zwar nach ers-

---

schaft in der Neuzeit, 2010, S. 599 (ursprünglich in Nörr/Schefold/Tenbruck [Hrsg.], Geisteswissenschaften zwischen Kaiserreich und Republik, 1994, S. 335), Fn. 4. Von „überindividualistischer" Philosophie und Ideologie sprach beispielsweise schon Radbruch, Rechtsphilosophie, 3. Auflage 1932, S. 66 f.

266 Wilhelm, Sachenrecht, 6. Auflage 2019, Rn. 917, Fn. 1616, spricht von einer „in neuerer Zeit im Zivilrecht ausgebrochene(n) Grundgesetz-Hysterie". Zur „Konstitutionalisierung der Privatrechtsordnung" der kritische Überblick von Barczak in Scheffczyk/Wolter (Hrsg.), Linien der Rechtsprechung des Bundesverfassungsgerichts, Band 4, 2017, S. 91, der das Fazit zieht (S. 122), die „Konstitutionalisierung der Privatrechtsordnung … (ersetzt) private durch staatliche Fremdbestimmung … Das Ergebnis ist kein Mehr, sondern ein Weniger an Freiheit."

267 Vgl. schon 1919 Hedemann, Das bürgerliche Recht und die neue Zeit, S. 12: „ein beträchtlicher Abbau an bürgerlichem Recht zugunsten der Publizistik". Savigny (zu seiner Bedeutung für die Unterscheidung zwischen Privatrecht und öffentlichem Recht vgl. Gagnér in v. Caemmerer/Zweigert [Hrsg.], Deutsche Landesreferate zum VII. Internationalen Kongreß für Rechtsvergleichung in Uppsala 1966, 1967, S. 23, 32 ff.) beschrieb den „Gegensatz" zwischen beiden Rechtsgebieten treffend so (System des heutigen Römischen Rechts, Erster Band, 1840, S. 23), „daß in dem öffentlichen Recht das Ganze als Zweck, der Einzelne als untergeordnet erscheint, anstatt daß in dem Privatrecht der einzelne Mensch für sich Zweck ist." Vgl. zu denkbaren tieferliegenden Ursachen (Einfluss der Naturwissenschaften) eines auch die Grenze zwischen öffentlichem Recht und Privatrecht verwischenden Monismus Damler, Rechtsästhetik, 2016, S. 190. Auch wenn man das Privatrecht nicht als staatsfreien Raum ansieht, sondern eben als das zwischen Individuen geltende Recht (vgl. insbesondere zum 18. Jahrhundert Jan Schröder in Finkenauer/Peterson/Stolleis [Hrsg.], Rechtswissenschaft in der Neuzeit, 2010, S. 313 ff., (ursprünglich in Lange/Nörr/Westermann [Hrsg.], Festschrift Gernhuber, 1993, S. 961), zusammenfassend 325 f.), bleibt eine zunehmende Berufung auf kollektive Interessen im Privatrecht und eine Ausdehnung des öffentlichen Rechts eine signifikante Veränderung. Krüper, Kategoriale Unterscheidung von Öffentlichem Recht und Privatrecht?, in VVDStRL 79 (im Erscheinen), spricht von einer „Publifizierung des Privatrechts" (bei Fn. 61).

268 Früh schon Johann Christian Majer, Autonomie vornehmlich des Fürsten- und übrigen unmittelbaren Adelsstandes im R. deutschen Reiche, 1782, § 53, S. 212 ff. und passim; ders., Allgemeine Einleitung in Privat-Fürstenrecht überhaupt, 1783, S. 207 ff. Zusammenfassend zur Autonomie in der Rechtswissenschaft (sowie der Philosophie und anderen Wissenschaften) Pohlmann, Artikel „Autonomie", Historisches Wörterbuch der Philosophie, Band I, 1971, Spalte 701 ff.; Feil, Antithetik neuzeitlicher Vernunft, 1987, S. 32 ff.; Pimmer-Jüsten,

ten Vorläufern im ausgehenden 18. Jahrhundert[269] schon mindestens seit dem frühen 20. Jahrhundert[270] als Gefahr oder auch Verheißung behauptet[271] oder prophezeit,[272] dabei und auch bei der Untersuchung der neutraler formulierten Frage, ob es sich bei den beobachteten Änderungen um „Wandlungen oder Erosion der Privatautonomie“ handelt,[273] werden aber manche Problemfelder wie z. B. das des öffentlichen Glaubens bisher kaum beachtet, obwohl die Entwicklung hier ähnlich signifikant sein könnte wie in den immer wieder thematisierten Bereichen, namentlich im

---

Autonomia im kanonischen Recht, 1995, S. 6 ff.; Potz, Kanon (Jahrbuch der Gesellschaft für das Recht der Ostkirchen) XXI (2010), 12 ff.; Kiehnle, ZRG KA 104 (2018), 346; Kiehnle, Artikel „Privatautonomie“, Handwörterbuch zur deutschen Rechtsgeschichte, 2. Auflage, 28. Lieferung, voraussichtlich 2020.

269 Thibaut, Juristische Encyclopädie und Methodologie, 1797, § 90, Nr. 3, S. 130: „Der Umfang dieser Befugniß [der Privatautonomie] war ehemals in Deutschland weit unbeschränkter, als gegenwärtig, da die höchste Gewalt die Willkühr der Unterthanen (oft aus guten Gründen) immer mehr zu beschränken … sucht.“

270 Vgl. zur Diskussion in der Weimarer Republik zusammenfassend Jan Schröder, Kollektivistische Theorien und Privatrecht in der Weimarer Republik am Beispiel der Vertragsfreiheit, in Finkenauer/Peterson/Stolleis, (Hrsg.), Rechtswissenschaft in der Neuzeit, 2010, S. 599 (ursprünglich in Nörr/Schefold/Tenbruck [Hrsg.], Geisteswissenschaften zwischen Kaiserreich und Republik, 1994, S. 335).

271 Vgl. Hedemann, Das bürgerliche Recht und die neue Zeit, 1919, S. 12: Der „Abbau an reinem Privatrecht bedeutet zugleich eine wesentliche Verkürzung der Bewegungsfreiheit, … eine Niederdrückung des Individuums … unter einen unabänderlichen Gemeinschaftswillen.“ Radbruch, Der Mensch im Recht, 1927, abgedruckt in Radbruch, Der Mensch im Recht, 1957, S. 9, 16: „Das neue Bild vom Menschen … im Verhältnis zu dem abstrakten Freiheits-, Eigennutz- und Klugheitsschema des liberalen Zeitalters … Der Mensch im Recht ist fortan … nicht mehr das isolierte Individuum, sondern der Mensch in der Gesellschaft, der Kollektivmensch.“

272 Etwa Picker, Antidiskriminierungsgesetz – Der Anfang vom Ende der Privatautonomie?, JZ 2002, 880, 881: „Das geplante Antidiskriminierungsgesetz … schleift (seiner beherrschenden Zielrichtung nach) die letzte und zentrale Bastion privatrechtlicher Vertragsfreiheit“.

273 Vgl. z. B. Riesenhuber/Nishitani (Hrsg.), Wandlungen oder Erosion der Privatautonomie?, 2007, insbesondere Riesenhuber, S. 1, 11 ff. Baer, „Ende der Privatautonomie“ oder grundrechtlich fundierte Rechtsetzung? Die deutsche Debatte um das Antidiskriminierungsrecht, ZRP 2002, 290, 291, möchte zeigen, „wie Privatautonomie zu fassen ist, um sie vor dem strategisch erfolgreich skandalisierenden und doch zu Unrecht beschworenen Tod zu bewahren.“

Arbeitsrecht,[274] im Mietrecht, in der Vertragsinhaltskontrolle (speziell im Recht der Allgemeinen Geschäftsbedingungen), im Verbraucherschutzrecht und im Gleichbehandlungsrecht[275] (einschließlich aller Formen von Kontrahierungszwängen).

---

274 Dazu eindringlich Picker, ZfA 2007, 129: „Vom individualautonomen Kollektivvertrag zum kollektivautonomen Tarifvertrag – Privatautonomie und Korporatismus im frühen deutschen Kollektivarbeitsrecht".

275 Vgl. zu Verbraucherschutz und Diskriminierungsverboten Riesenhuber, ZfPW 2018, 352, 362 ff.

## 14. Epilog: Rechtsgeschichte ohne Recht? Ein Plädoyer für die Verrechtlichung der Rechtsgeschichte

Darf man die vorausgegangenen Überlegungen (auch) rechtshistorisch nennen? Der Autor selbst kann das naturgemäß nicht entscheiden, darf aber eine oberflächliche Einordnung in aktuelle Debatten zum Wesen der Rechtsgeschichte[276] vielleicht immerhin versuchen.

Juristen, die sich nur mit dem geltenden Recht beschäftigen, ohne nach dessen Geschichte, und sei es auch nur nach seiner unmittelbaren Genese im Gesetzgebungsverfahren, zu fragen, werden kaum von sich behaupten, sie betrieben damit Rechtsgeschichte. Können Historiker, die sich mit Quellen befassen, die zur Zeit ihrer Entstehung Bezüge zum damals geltenden Recht hatten, demgegenüber ohne jede weitere Voraussetzung mit größerer Berechtigung für sich in Anspruch nehmen, sie betrieben Rechtsgeschichte?

Rechtsgeschichte ist mehr als die Untersuchung einer Quelle, die etwas mit Recht zu tun hatte. Von Rechtsgeschichte im eigentlichen, engeren Sinn sollte man nur sprechen, wenn die Quelle zumindest als Teil des damals geltenden Rechts zum Forschungsobjekt gemacht wird.[277] Wer etwa feststellt, dass das Gericht X im Jahrhundert Y bestimmte Entscheidungen getroffen hat, trägt damit auch dann unmittelbar noch nichts zur genuin rechtshistorischen Erkenntnis bei, wenn er in mühevoller Archivarbeit herausfindet, wer die Parteien der Verfahren waren und wer die Richter und welche rechtsfernen Motive all diese involvierten Personen während des Prozesses bewegten. Das können historisch wertvolle und auch für den Rechtshistoriker und überhaupt den Juristen höchst aufschlussreiche Ergebnisse und notwendige Vorarbeiten für eigentlich rechtshistorische Forschung sein, aber sie sagen noch nichts über das Recht als Ordnung zur Verwirklichung der Gerechtigkeit[278] aus.

276 Vgl. etwa die Beiträge diverser Autoren in Rechtsgeschichte 23 (2015), 255 ff.

277 Zu gegenwartszentriert Lorenz, JZ 2013, 704, 707: „man kann ... keine Vorlesung in ... Rechtsgeschichte halten, ohne den Bezug zum geltenden Recht herzustellen."

278 Vgl. zu einem solchen Rechtsbegriff Lobinger, AcP 216 (2016), 28, 43 f., 56 f.

Nun kann man über den Rechtsbegriff natürlich beliebig lange und mit offenem Ergebnis diskutieren.[279] Ein Urteil oder ein Vertrag oder eine Norm oder eine Aussage aus einem wissenschaftlichen Werk sind in ihrer Rechtlichkeit aber nicht davon abhängig, in welchen persönlichen, sozialen, wirtschaftlichen Umständen ihre Autoren lebten und wirkten. Ob eine Quelle Rechtsbezug hat, muss nach dem jeweiligen Rechtsbegriff beurteilt werden. Wer also beispielsweise jede historische Entscheidung eines Gerichts als solche für rechtsgeschichtlich relevant hält, huldigt schon damit zumindest implizit einer extremen Theorie des Richterrechts, wonach Gerichte mit jedem Spruch Recht schaffen und nicht nur Recht sprechen, also nicht lediglich versuchen, etwas ihnen sozusagen objektiv Vorgegebenes, nicht rein subjektiv zu ihrer Verfügung Stehendes im Einzelfall anzuwenden. In der deutschen Rechtsentwicklung spielen solche Ideen in der Neuzeit zumindest keine große Rolle. Während eine ständige Rechtsprechung Gewohnheitsrecht bestätigen oder erzeugen konnte und kann,[280] wurden und werden einzelne Entscheidungen in aller Regel nicht ohne weitere einschränkende Voraussetzungen (etwa der Lückenausfüllung und Rechtsfortbildung) als Rechtsquelle anerkannt;[281] in anderen Rechtsordnungen, namentlich der US-amerikanischen, mag ein alle richterlichen Entscheidungen umfassender „rechtsrealistischer" Rechtsbegriff eventuell eine größere Bedeutung haben.[282] Jedenfalls mit den (natürlich nicht zeit- und länderübergreifend universell verbindlichen) Vorstellungen eines Ge-

---

279 Vgl. etwa Oestmann, ZRG GA 132 (2015), 152, 157, zum „Rechtsbegriff der Rechtsgeschichte".

280 Vgl. Jan Schröder, Recht als Wissenschaft, 2. Auflage 2012, S. 79, 112, 200, 300 f., 304 f., 392 m. w. N.

281 Vgl. Jan Schröder, Recht als Wissenschaft, 2. Auflage 2012, S. 17, mit Fn. 58, S. 221, 290 f., 303 ff., 326 f., m. w. N.; Rüthers/Fischer/Birk, Rechtstheorie, 10. Auflage 2018, Rn. 235 ff., 796 ff., 822 ff., 936 ff.

282 Mit Rechtsbegriffen, wie sie im Rechtsrealismus vorzukommen scheinen (zusammenfassend kritisch aus der deutschen Literatur etwa Rea-Frauchiger, Der amerikanische Rechtsrealismus: Karl N. Llewellyn, Jerome Frank, Underhill Moore, 2006, S. 154 ff.), kann man wohl in jedem Gerichtsurteil oder jedenfalls in den Entscheidungen oberster Gerichte Recht sehen; vgl. Seelmann/Demko, Rechtsphilosophie, 6. Auflage 2014, § 2, Rn. 49: „auch Richtersprüche (gehören) zum ‚Recht' ..." Berühmt sind vor allem die Aussagen von Holmes und Llewellyn (zitiert z. B. bei Zweigert/Kötz, Einführung in die Rechtsvergleichung, 3. Auflage 1996, S. 242; Dieckmann, notar 2012, 40, 46). Holmes sagte 1897 (Harvard Law Review 10 [1897], 457, 461): „The prophecies of what the courts will do in fact, and nothing more pretentious, are what I mean by the law." (Rüthers/Fischer/Birk, Rechtstheorie, 10. Auflage 2018, zitieren diesen Satz in Rn. 48, 50b, 57, 491 schon beinahe inflationär.) Da sich die juristische Praxis an

setzgebers, der Richter „dem Gesetz (unterwirft)“ (Art. 97 I GG) und „an Gesetz und Recht (bindet)“ (Art. 20 III GG) sowie bestraft, wenn sie das Recht beugen (§ 339 StGB), ist es unvereinbar, jede (noch so gesetzes- und rechtswidrige) richterliche Entscheidung selbst zu Recht zu erklären. Schließlich muss auch die Rechtskraft eines Urteils nicht als Änderung der (materiellen) Rechtslage verstanden werden, wobei freilich einzuräumen ist, dass materiellrechtliche Rechtskrafttheorien nicht ganz wenige Anhänger hatten und haben.[283]

Demjenigen, der unausgesprochen davon ausgeht, dass das Recht jedenfalls in der Zeit, aus der die zu untersuchende Quelle stammt, als systematische Ordnung zu verstehen war oder ist, in der nicht beliebige Ergebnisse als rechtmäßig bezeichnet werden können, kann also kaum ein Vorwurf gemacht werden, wenn er z. B. zum Schluss kommt, dass ein Urteil (etwa auch ein solches aus dem Deutschland der Jahre 1933 bis 1945) geltendem Recht widersprach, weil das entscheidende Gericht geltende Gesetze nicht oder falsch anwandte, oder wenn er sich überlegt, ob der „Tübinger Ver-

---

die höchstrichterliche Rechtsprechung hält und in der Regel prophezeien wird, dass an der bisherigen Rechtsprechung festgehalten werden wird, sind höchstrichterliche Urteile nach diesem Rechtsbegriff inhaltlich mit dem Recht identisch (vgl. auch Dieckmann, notar 2012, 40, 46; in juristischen Texten finden sich auch oft eher wenig durchdachte Äußerungen, die in einem neuen Urteil ohne weitere Voraussetzungen, deren Verwirklichung die Annahme richterlicher Rechtsfortbildung oder entstandenen Gewohnheitsrechts rechtfertigen könnte, eine Änderung der deutschen Rechtslage erblicken; vgl. die Beispiele bei Kiehnle, JURA 2016, 1414, 1424, mit Fn. 44 ff.; zur Frage, ob eine „h. M.“ Recht ist, hier oben Fn. 258). Holmes wandte sich auch direkt gegen idealistischere Vorstellungen (S. 460): „… What constitutes the law? You will find some text writers telling you that it is something different from what is decided by the courts …“ Noch unmittelbarer gleichgesetzt werden Recht und richterliche Entscheidungen, wenn man mit Llewellyn, The Bramble Bush, Tenth printing 1996, S. 3, streitentscheidende Richter (neben vielen anderen: „whether they be judges or sheriffs or clerks or jailers or lawyers“) als „officials of the law“ qualifiziert und behauptet: „What these officials do about disputes is … the law itself.“ Schon Llewellyn selbst fühlte sich durch ständiges isoliertes Zitieren dieses Satzes indes missverstanden und zu Klarstellungen veranlasst (S. 3, Fn. *, und S. ix ff. [Vorwort Dezember 1950]), vgl. insbesondere S. x: „… no man sees law whole who ever forgets that one inherent drive which is a living part of even the most wrongheaded and arbitrary legal system is a drive … to make the system … realize an ideal of justice.“

283 Vgl. etwa die Nachweise bei MünchKommZPO/Gottwald, 5. Auflage 2016, § 322, Rn. 7 f., 15.

trag“ von 1514 ein (wirksamer) Vertrag war,[284] oder nach der richtigen Auslegung einiger Normen des Westfälischen Friedens fragt.[285] Urteile über Rechtmäßigkeit müssen nicht nur erlaubt sein, sondern sind letztlich Ziel jeder rechtsgeschichtlichen Arbeit. Ein horror iuris, wie er auch in Stellungnahmen gegen eine vermeintlich zu „applikative“, gegenwartsbezogene Rechtsgeschichte, die die Verbindung mit der Dogmatik sucht, bisweilen aufscheint,[286] ist fehl am Platze.[287] Wenn von den „Vertreter(n) der Dogmengeschichte“ gelegentlich behauptet wird, dass sie „fast immer gute Juristen“ seien,[288] so sollte man das ohne Ironie von jedem Rechtshistoriker fordern, einmal ganz abgesehen von den Schwierigkeiten, die Güte ei-

284 Diese Frage stellt Kiehnle, VBlBW 2014, 441, 443 ff., ohne darin ein rechtshistorisches Sakrileg zu sehen.

285 So Kiehnle, JURA 2018, 969, 978 m. w. N. zur These, diese Frage sei für Rechtshistoriker unzulässig.

286 Vgl. etwa Kaiser, Rechtsgeschichte 19 (2011), 142, 146 f.: „Paart sich … dogmatischer Anwendungsbezug … mit einem historischen Interesse an Begriffen, resultiert daraus eine besondere methodische Gefahr: Die Rechtsgeschichte verliert bei einem derartigen Vorgehen nicht nur ihren Selbststand, sondern stellt sich in gewisser Weise auch in eine begriffsjuristische Tradition. Das birgt die Gefahr, dass das Interesse am Begriff umschlägt in die Ermittlung seines ahistorischen, weil überzeitlichen ‚Wesens‘ …“ Wer die Implikationen eines Begriffs in der Vergangenheit oder der Gegenwart untersucht, kann das doch nicht schlechter, sondern besser tun, wenn er dabei verschiedene Zeiten berücksichtigt. Im Übrigen ist auch die begriffsjuristische Tradition nicht nur schlecht, denn die „Legitimität der Begriffsjurisprudenz“ hängt, um mit Jan Schröder, Artikel „Begriffsjurisprudenz“, Handwörterbuch zur deutschen Rechtsgeschichte, 2. Auflage, Band I, 2008, Spalte 500, 502 zu sprechen, „davon ab, ob man sich unter dem Recht nicht nur eine unzusammenhängende Anhäufung einzelner Vorschriften, sondern ein sinnvolles und innerlich kohärentes Ganzes vorstellt.“ Eine solche Vorstellung ist meiner Überzeugung nach weder im geltenden Recht noch in der Rechtsgeschichte illegitim.

287 So würde ich es heute nicht mehr als „gewissermaßen ahistorisch“ bezeichnen, eine frühere Regelung nach ihrer Darstellung unmittelbar mit dem heute geltenden Recht zu vergleichen (so jedoch noch ängstlich Kiehnle, Der Erwerb kraft öffentlichen Glaubens in der württembergischen Pfandgesetzgebung von 1825/1828 und im Bürgerlichen Gesetzbuch, 2004, S. 24), solange nur erkennbar bleibt, dass mit einer solchen Vorgehensweise nicht notwendig Ursachenzusammenhänge behauptet oder Entwicklungen nachgezeichnet werden.

288 Oestmann, http://papers.ssrn.com/sol3/papers.cfm?abstract_id=2526811 (zuletzt abgerufen am 9.1.2020), S. 8; geradezu bedauernd Kroppenberg/Linder, Rechtsgeschichte 23 (2015), 260, 261: „Bezeichnenderweise sind … die … Schlüsselpositionen im rechtshistorischen Wissenschaftsbetrieb heute fast durchweg mit Forschern besetzt, die in erster Linie im Bereich der Dogmatik prominent in Erscheinung getreten sind.“

nes Juristen zu beurteilen. Jedenfalls sei in Anlehnung an den schönen Satz „Juristen, böse Christen“[289] davor gewarnt, anzunehmen, es müsse gelten: „Gute Juristen, schlechte Rechtshistoriker“.

Wenn Rechtsgeschichte nicht mehr danach fragt, ob das, was sie zu ihrem Gegenstand macht, Recht oder Unrecht war oder wurde,[290] wird sie zur „Rechts“-Geschichte ohne Recht.[291] Sie ist dann ähnlich „rechtswissenschaftlich“ wie eine juristische „Dogmatik“, die sich darauf beschränkt, höchstgerichtliche Entscheidungen oder die Ansichten beliebiger Autoren, seien es Rechtswissenschaftler, Politiker oder Rechtspraktiker, zu referieren, nur mag man ihr immerhin zugutehalten, dass sie Geschichtswissenschaft sein kann,[292] während juristische Dogmatik ohne die Frage nach

---

289 Vgl. Lieberwirth, Artikel „Juristen, böse Christen“, Handwörterbuch zur deutschen Rechtsgeschichte, 2. Auflage, Band II, 2012, Spalte 1426 ff.

290 Vgl. einerseits Oestmann (wie Fn. 288), S. 7, bei Fn. 23 („Wenn Rechtsgeschichte sich ... mit dem Gespräch über Recht und Unrecht beschäftigt ...“), andererseits S. 5, vor Fn. 17 („Nach Recht und Unrecht wird hierbei kaum gefragt ...“) und S. 4, Fn. 11 („erfährt man ... über das Recht selbst praktisch gar nichts“).

291 Vgl. zu den Gefahren einer „Rechtswissenschaft ohne Recht“ die gleichnamige Monographie von Nelson, 1917, u. a. S. 3 f.; sehr kritisch und kaum konstruktiv Klein, Die Rechtswissenschaft ohne Rechtsbegriff, Dissertation Marburg 1990. Affirmativ dagegen der Wissenschaftsrat, Perspektiven der Rechtswissenschaft in Deutschland, 2012, S. 28: „Die Rechtswissenschaft ist eine Normwissenschaft. ... sind die Normativität und Dezisionsfunktion ihres Gegenstandes hervorzuheben ...“

292 Vgl. Oestmann (wie Fn. 288), S. 5, vor Fn. 17: „historische Sozialwissenschaft“. Selbstgewiss die Einschätzung der Graduiertenschule „Recht als Wissenschaft“ https://www.uni-muenster.de/Rechtalswissenschaft/konzept/konzept.html (zuletzt abgerufen am 9.1.2020): „Die Frage nach der Wissenschaftlichkeit der Rechtswissenschaft lässt sich für die Grundlagen und insbesondere die Rechtsgeschichte ... unproblematisch bejahen.“ Warum kann die historische Beschäftigung mit dem Recht wissenschaftlich sein, wenn der Wissenschaftscharakter der Wissenschaft vom geltenden Recht so skeptisch beurteilt wird? Sind Geisteswissenschaften überhaupt nur als Geschichtswissenschaft denkbar? Vgl. jedoch ähnlich selbstsicher für die Rechtsvergleichung Zweigert/Kötz, Einführung in die Rechtsvergleichung, 3. Auflage 1996, S. 31 f.: Rechtsvergleichung als „gute Arznei“ für die „(kranke) Rechtwissenschaft als ganze“, womit v. a. „der herkömmliche, unreflektiert-selbstsichere Dogmatismus ... als Selbstbetrug“ gemeint ist.

293 Für die Anerkennung „richtigen Rechts“ als „regulative Idee“ jüngst auch Damler/Zeyher, AcP 218 (2018), 905, 920 ff., 942. Vgl. weiter Windel, AnwBl 2019, 447, 452: „Auch dort, wo wir als Juristen einen dezisionistischen Spielraum haben, sollten wir nach Rechtsfindung, nicht nach Rechtssetzung streben.“ Skeptisch dagegen S. 448: es leuchte „jedenfalls nicht unmittelbar ein“, bestimmte

dem richtigen Recht[293] weder juristisch noch wissenschaftlich ist[294] und allenfalls mit anderer Fragestellung soziologisch etc. beachtlich sein könnte. Rechtshistoriker sollten sich nicht gegenseitig Unwissenschaftlichkeit vorwerfen nur wegen einer anderen Fragestellung als der eigenen, solange diese nur unter Zugrundelegung irgendeines Rechtsbegriffs auf die Feststel-

---

Ergebnisse als „richtig" zu behaupten, weil es „offenbar immer mehrere vertretbare Auslegungen von Gesetzen und mehrere vertretbare Lösungen von Fällen gibt". Gegen solche Überlegungen überzeugend Damler/Zeyher, AcP 218 (2018), 905, 921 f.: „Ein Richter, der sich damit begnügt, unter alternativen Entscheidungen eine vertretbare auszuwählen", handelt „fehlerhaft", denn er muss nach der richtigen Entscheidung streben. Vgl. auch Böttigheimer, Lehrbuch der Fundamentaltheologie, 3. Auflage 2016, S. 344: „Die epistemologische Basis postmoderner Philosophie ist die grundsätzliche Unzugänglichkeit einer objektiven Wahrheit durch das rationale Subjekt. ... Anstelle der Wahrheit treten Wahrheiten. Ein prinzipieller Wahrheitspluralismus bedeutet freilich nicht, dass die Vertreter der postmodernen Philosophie schlechterdings der Beliebigkeit und Willkür das Wort reden würden. Denn ein Absolutes ist ihnen keineswegs fremd, wohl aber gilt es für sie als nicht darstellbar und definierbar."

294 Dass solche „Rechtswissenschaft" in der real betriebenen Forschung und Lehre vorkommt, will ich nicht leugnen (besonders extrem in Gestalt der Aufforderung an die Rechtsprechung, sie möge bisher ungelöste Rechtsfragen klären, wozu die Rechtswissenschaft selbst nach diesem Selbstverständnis also offenbar nicht in der Lage ist; vgl. z. B. zu § 844 III BGB Burmann/Jahnke, NZV 2017, 401, 404 und 411: „Regulierungspraxis und Rechtsprechung sind gefordert, möglichst rasch die Anspruchsberechtigung überschaubar zu gestalten", „Hoffnung ..., dass die Rechtsprechung (im Laufe der nächsten Jahre) eine Gruppenbildung hervorbringen wird"); es hieße aber resignieren und sich in den Elfenbeinturm zurückziehen (Lorenz, JZ 2013, 704, 707, spricht schon jetzt von einer „selbstgewählten Isolierung der ‚Grundlagenfächer' "), wenn man die dann eher offen unwissenschaftliche Ausbildung zukünftiger Richter und Anwälte an die Fachhochschulen auslagern wollte (dafür Oestmann, Forschung und Lehre 2015, 27, 28; vgl. auch Stolleis, JZ 2013, 712, 714, der den „Druck der Massenausbildung" freilich dadurch reduzieren will, dass er „alle diejenigen, die Jura und Praxis verbinden wollen, ohne aber den Beruf von Anwälten, Notaren, Richtern und höheren Verwaltungsbeamten anzustreben", von den Universitäten fernhalten möchte), womit man doch auch jeden Anspruch und jede Hoffnung auf eine dogmatisch angeleitete Praxis verabschieden müsste (vgl. kritisch zu einer massenweisen Ausbildung „wissenschaftlich unbedarfte[r] Rechtshandwerker" Hillgruber, JZ 2013, 700, 702); zu diesem Anspruch Lobinger, AcP 216 (2016), 28, 60 ff. Freilich könnte dann der Druck auf Rechtsprofessoren an den Universitäten, auch Rechtsgeschichte eher juristisch und nicht so „unjuristisch" zu betreiben (vgl. Oestmann [wie Fn. 288], S. 8, nach Fn. 28), nachlassen. Je unjuristischer Rechtsprofessoren forschen, desto mehr müssen sie sich aber wohl die Frage von Lorenz, JZ 2013, 704, 708, gefallen lassen, ob ihr Tun „nicht an den außeruniversitären wissenschaftlichen Instituten besser aufgehoben ist."

lung zielen könnte, was Recht war oder geworden ist. Erstrebenswert wäre es, den zugrunde gelegten Rechtsbegriff wenigstens anzudeuten.[295] Wer Normengeschichte, Wissenschaftsgeschichte und Praxisgeschichte als gleichberechtigte Disziplinen der Rechtsgeschichte unterscheiden möchte,[296] suggeriert damit oder lässt sich jedenfalls so (miss-?)verstehen, dass Wissenschaftsgeschichte und Praxisgeschichte ohne Bezug auf Normen auskommen. Ich kann mir einen überzeugenden Rechtsbegriff, der ohne Normativität auskommt, nicht vorstellen, und fürchte deshalb, dass Wissenschaftsgeschichte und Praxisgeschichte sich aus der Rechtsgeschichte im engsten Sinn verabschieden, wenn sie von einem solchen Rechtsbegriff ausgehen.

Selbst wenn man sich noch heute auf Rankes berühmtes Dictum berufen und „bloß sagen (will), wie es eigentlich gewesen“,[297] obwohl doch schon niemand sagen könnte, wie es eigentlich ist, und sich dementsprechend keiner auch und vielleicht noch viel weniger bezüglich der Vergangenheit von seinem subjektiven Vorverständnis ganz zu lösen vermag, befreit das den Rechtshistoriker nicht davon, zu sagen, was „es“ zu Recht machte. Dass der Normbegriff einer dergestalt normativen Rechtsgeschich-

---

295 Jedenfalls insoweit dürfte sicherlich zutreffen, dass „die Rechtsgeschichte von einer Öffnung in Richtung Rechtstheorie profitieren“ könnte, auch wenn man anders als Vesting, Rechtstheorie, 2. Auflage 2015, Rn. 250, einer „stärker kultur- und medienhistorische(n)“ Ausrichtung mit gewisser Skepsis begegnen mag.

296 So Oestmann (wie Fn. 288). Zu unterschiedlichen Möglichkeiten von „Ideengeschichte“ und Dogmengeschichte Haferkamp, JZ 2019, 901, 909: „Inwiefern dogmatische Argumente in bestimmten Feldern stabilisierend oder weltfremdkonservierend wirkten oder auch gar nicht, weil der Richter sowieso souverän entscheidet, das beantworten solche Ideengeschichten des Rechtsdenkens nicht. Hierzu bedarf es konkreter Studien zur Funktionsweise bestimmter dogmatischer Lösungen – damals wie heute.“ Über zu viel Dogmengeschichte konnte man jedenfalls in weiten Teilen des 20. Jahrhunderts schwerlich klagen, vgl. S. 905: die „Abwendung von der Dogmengeschichte“ und die „Hinwendung zu einer Kulturgeschichte des Rechts“ wurden „auch in der Rechtshistoriografie … für das 20. Jahrhundert prägend …“

297 Vgl. Oestmann (wie Fn. 288), S. 1, mit Fn. 2, unter Berufung auf Ranke, Geschichten der romanischen und germanischen Völker von 1494 bis 1535, Erster Band, 1824, S. V f. Gegen solche Vorstellungen etwa Heller, Staatslehre, 6. Auflage 1983, bearbeitet von Niemeyer, S. 16, 40: „Alle Geschichte bleibt aber auch – noch für den objektivsten Historiker, der in reiner Treue nur darstellen will, ‚was gewesen ist‘ – immer ‚Geschichte der Gegenwart‘, d. h. aus der Perspektive des Jetzt gesehen.“ Auf allgemein hermeneutische Aspekte der Unmöglichkeit einer absolut „objektiven“ Geschichtsschreibung ist hier nicht (näher) einzugehen.

te im eigentlichen Sinne nicht auf geschriebene Verfassungen und Parlamentsgesetze seit dem 18. oder 19. Jahrhundert beschränkt werden darf, sollte eine Selbstverständlichkeit sein. Und die Überzeugung, dass Rechtsgeschichte nicht über, sondern neben anderen Geschichtswissenschaften, aber auch der Wissenschaft vom geltenden Recht steht, könnte der Bescheidenheit des Rechtshistorikers nur dienen und auch denjenigen trösten, der sich ganz besonders für eine dieser anderen Disziplinen begeistert.

Auch die hiesige Suche nach dem Öffentlichen im öffentlichen Glauben des Privatrechts mag hoffentlich einen minimalen Beitrag zur Erkenntnis vergangenen wie gegenwärtigen Rechts leisten und zeigen, dass das Bemühen um ein besseres Verständnis des einen dem Verständnis des anderen nicht abträglich sein muss, sondern im Gegenteil nützlich sein kann. Rechtsgeschichte und Rechtsdogmatik dürfen als „geschichtliche Rechtswissenschaft" auch heute Hand in Hand gehen.

FSC
www.fsc.org
MIX
Papier | Fördert gute Waldnutzung
FSC® C083411

Kolibri 360 GmbH
Ferdinand-Jühlke-Straße 7
99095 Erfurt, Deutschland
produktsicherheit@kolibri360.de